T0207825

essentials

essentials liefern aktuelles Wissen in konzentrierter Form. Die Essenz dessen, worauf es als „State-of-the-Art" in der gegenwärtigen Fachdiskussion oder in der Praxis ankommt. *essentials* informieren schnell, unkompliziert und verständlich

- als Einführung in ein aktuelles Thema aus Ihrem Fachgebiet
- als Einstieg in ein für Sie noch unbekanntes Themenfeld
- als Einblick, um zum Thema mitreden zu können

Die Bücher in elektronischer und gedruckter Form bringen das Expertenwissen von Springer-Fachautoren kompakt zur Darstellung. Sie sind besonders für die Nutzung als eBook auf Tablet-PCs, eBook-Readern und Smartphones geeignet. *essentials:* Wissensbausteine aus den Wirtschafts-, Sozial- und Geisteswissenschaften, aus Technik und Naturwissenschaften sowie aus Medizin, Psychologie und Gesundheitsberufen. Von renommierten Autoren aller Springer-Verlagsmarken.

Weitere Bände in der Reihe http://www.springer.com/series/13088

Erik Hahn

Telemedizin – Das Recht der Fernbehandlung

Ein Überblick für Ärzte, Zahnärzte, Psychotherapeuten, Heilpraktiker und Juristen

 Springer

Erik Hahn
Zittau, Deutschland

ISSN 2197-6708   ISSN 2197-6716   (electronic)
essentials
ISBN 978-3-658-26736-0   ISBN 978-3-658-26737-7   (eBook)
https://doi.org/10.1007/978-3-658-26737-7

Die Deutsche Nationalbibliothek verzeichnet diese Publikation in der Deutschen Nationalbiblio-
grafie; detaillierte bibliografische Daten sind im Internet über http://dnb.d-nb.de abrufbar.

Springer ist ein Imprint der eingetragenen Gesellschaft Springer Fachmedien Wiesbaden GmbH
und ist ein Teil von Springer Nature
Die Anschrift der Gesellschaft ist: Abraham-Lincoln-Str. 46, 65189 Wiesbaden, Germany

Was Sie in diesem *essential* finden können

- eine grundlegende Einführung in das Recht der Fernbehandlung
- einen Überblick über die betroffenen Rechtsgebiete und Vorschriften
- eine vergleichende Gegenüberstellung der Rechtslage für Ärzte, Zahnärzte, Psychotherapeuten und Heilpraktiker
- eine Übersicht zur unterschiedlichen Gestaltung des Fernbehandlungsrechts in den Landesheilberufskammern
- einen 360°-Blick auf die Fernbehandlungsvorschriften vom Arzneimittel- bis zum Zahnarztrecht
- einen Einblick in die Rechtsfragen der grenzüberschreitenden Fernbehandlung
- einen Blick auf die historische Entwicklung, den aktuellen Stand und die weiteren Perspektiven des Fernbehandlungsrechts

Vorwort

Die Ausübung der Heilkunde ohne physischen Kontakt zwischen dem Behandler und seinem Patienten ist seit jeher vielfältigen Einhegungsversuchen des Gesetzgebers ausgesetzt. Bereits im 19. Jahrhundert wurde die Ausübung der Briefkasten- und Zeitungsmedizin mit dem Postulat der Standeswidrigkeit belegt, sodass es heute kaum verwundert, dass sich der eingängige Ausspruch, „am Telefon und durch die Hose, stellt man keine Diagnose", tief in das ärztliche Selbstverständnis eingraben konnte. Angetrieben durch die zunehmende Digitalisierung aller Gesellschaftsbereiche hat sich der Fokus der Fernbehandlungsdebatte in der jüngeren Vergangenheit aber zunehmend in eine Diskussion um die Grenzen einer IT-unterstützten Medizin gewandelt. Die von Teilen der Bevölkerung aber auch aus dem Kreis der Ärzteschaft erhobenen Forderungen nach Telemedizin und „Smart-Health" sind allgegenwärtig und zwingen zum Nachdenken über altbekannte Prinzipien. Manche Einschränkungen bei der Wahrnehmung eines nicht ortsanwesenden Patienten, die beim rein postalischen oder telefonischen Kontakt noch technisch unüberwindbar und aus medizinischer Sicht unvertretbar erschienen, sind unter den Rahmenbedingungen von Video-Chats und digitaler Befundung neu zu verhandeln. Anderenfalls könnten tradierte Prinzipien des Medizinrechts die beachtlichen Chancen, die mit der Telemedizin in Form der Fernbehandlung verbunden sind, bereits im Aufkeimen ersticken. Trotz weit verbreiteter Begeisterung für die neuen technischen Möglichkeiten, darf die Diskussion aber auch nicht in Technikhörigkeit verfallen und die gewichtige Perspektive des Patientenschutzes aus den Augen verlieren. Die beste telemedizinische Kommunikation wird es kaum schaffen, eine auf alle fünf Körpersinne gestützte Wahrnehmung des anwesenden Patienten durch den Behandler vollständig zu substituieren.[1] Aus diesem Grund wird

---

[1]So auch Katzenmeier, MedR 2019, 259 (267).

die Herausarbeitung von Szenarien, in denen diese physische Präsenz nicht oder nur eingeschränkt erforderlich ist, eine der großen Aufgaben sein, denen sich die medizinischen Disziplinen in den kommenden Jahren stellen müssen. Ermöglicht wurde dieses „Neudenken" vor allem durch die Öffnung des ärztlichen Berufsrechts gegenüber der ausschließlichen Fernbehandlung im Jahr 2018 und Parallelentwicklungen im Bereich der Psychotherapie. Weitere Regelungsbereiche wie das Arzneimittel-, das Vergütungs- und das Heilmittelwerberecht müssen und werden diese Entwicklung künftig nachvollziehen. Das vorliegende Buch kann daher nur als Momentaufnahme einer gerade im Fluss befindlichen Entwicklung gesehen werden, deren Dynamik in den kommenden Jahren kaum nachlassen wird.

Großer Dank für die verlagsseitige Betreuung gebührt Frau Dr. med. Anna Krätz, Frau Karin Siepmann und Frau Ines Glindemann. Die kritische und verlässliche Durchsicht des Manuskripts übernahm meine Mitarbeiterin, Frau Patricia Schwarzbach, der ebenfalls zu danken ist. Hinweise und Anregungen für künftige Neuauflagen erbittet der Autor an erik.hahn@hszg.de.

Erik Hahn

Inhaltsverzeichnis

1 **Einführung**.. 1
  1.1 Begriff der (ausschließlichen) Fernbehandlung................. 1
  1.2 Historische Entwicklung des Fernbehandlungsrechts........... 2

2 **Berufsrecht** 3
  2.1 Grundzüge des Berufsrechts der Heilberufe.................. 3
  2.2 Fernbehandlung nach der Musterberufsordnung
      der Bundesärztekammer.................................. 5
  2.3 Fernbehandlung nach den Berufsordnungen der
      Landesärztekammern.................................... 11
  2.4 Fernbehandlung im zahnärztlichen Berufsrecht................ 12
  2.5 Fernbehandlung nach der Musterberufsordnung
      der Bundespsychotherapeutenkammer 12
  2.6 Fernbehandlung nach den Berufsordnungen der
      Landespsychotherapeutenkammern......................... 14
  2.7 Fernbehandlung im Berufsrecht der Heilpraktiker.............. 16
  2.8 Reichweite des Berufsrechts bei
      grenzüberschreitender Fernbehandlung in Europa.............. 17

3 **Zivilrechtliche Aspekte**................................... 25
  3.1 Vertragsschluss... 25
  3.2 Sorgfalts- bzw. Haftungsmaßstab.......................... 27
  3.3 Fernaufklärung und Aufklärung über
      Behandlungsalternativen 31
  3.4 Anwendbares Vertrags- und Deliktsrecht bei
      grenzüberschreitender Fernbehandlung..................... 34

4   Arzneimittelrecht   39
  4.1   Regelungen im Arzneimittelgesetz   39
  4.2   Arzneimittelverordnung im Vertrags(zahn)arztrecht   41

5   Vertragsärztliche Versorgung und Vergütungsrecht   43
  5.1   Erbringung und Vergütung von Videosprechstunden
      im System des SGB V   43
  5.2   Vergütung von Videosprechstunden nach der
      GOÄ/GOZ und Erstattung durch die PKV   46

6   Sonderfragen   47
  6.1   Grundlagen des Rechts der Datenverarbeitung bei einer
      Fernbehandlung   47
  6.2   Verbot der Werbung für Fernbehandlungen   49
  6.3   Arbeitsunfähigkeitsbescheinigung nach
      ausschließlicher Fernuntersuchung   50

7   Fazit und weitere Entwicklung   53

Literatur.   57

Abkürzungsverzeichnis

a. A.	andere Ansicht
a. F.	alte Fassung
Abs.	Absatz
AEUV	Vertrag über die Arbeitsweise der Europäischen Union
Alt.	Alternative
AMG	Arzneimittelgesetz
Art.	Artikel
AU	Arbeitsunfähigkeit
AU-Bescheinigung	Arbeitsunfähigkeitsbescheinigung
Aufl.	Auflage
AU-RL	Arbeitsunfähigkeits-Richtlinie
AVB/BT	Allgemeine Versicherungsbedingungen für den Basistarif
BAG	Bundesarbeitsgericht
BÄK	Bundesärztekammer
BÄO	Bundesärzteordnung
Bay Ärztebl	Bayerisches Ärzteblatt
BDSG	Bundesdatenschutzgesetz
BeckOK-BGB	Beck'scher Online-Kommentar zum BGB
BeckRS	Beck online Rechtsprechung
BEMA	Einheitlicher Bewertungsmaßstab für zahnärztliche Leistungen
BerufsG	Berufsgericht
Beschl.	Beschluss
BGB	Bürgerliches Gesetzbuch
BGBl.	Bundesgesetzblatt
BGH	Bundesgerichtshof

BMV	Bundesmantelvertrag
BMV-Ä	Bundesmantelvertrag-Ärzte
BMV-Z	Bundesmantelvertrag-Zahnärzte
BO	Berufsordnung
BOH	Berufsordnung für Heilpraktiker
BPflV	Bundespflegesatzverordnung
BPsychThK	Bundespsychotherapeutenkammer
BSG	Bundessozialgericht
BT-Drs.	Bundestagsdrucksache
BVerfG	Bundesverfassungsgericht
BWA	Bewertungsausschuss
BZÄK	Bundeszahnärztekammer
bzw.	beziehungsweise
d.	der
DÄT	Deutscher Ärztetag
DÖV	Die Öffentliche Verwaltung
DPsychThT	Deutscher Psychotherapeutentag
DSGVO	Datenschutz-Grundverordnung
DSK	Datenschutzkonferenz
Dtsch Ärztebl	Deutsches Ärzteblatt
EBM	Einheitlicher Bewertungsmaßstab für ärztliche Leistungen
Ed.	Edition
EFZG	Entgeltfortzahlungsgesetz
EG	Europäische Gemeinschaft
EGBGB	Einführungsgesetz zum Bürgerlichen Gesetzbuch
ErwG	Erwägungsgrund
EU	Europäische Union
EuGH	Europäischer Gerichtshof
EuGVVO	EG-Verordnung Nr. 44/2001 über die gerichtliche Zuständigkeit und die Anerkennung und Vollstreckung von Entscheidungen in Zivil- und Handelssachen
EuZW	Europäische Zeitschrift für Wirtschaftsrecht
EWR	Europäischer Wirtschaftsraum
f.	folgende (Singular)
F.	Fassung
ff.	folgende (Plural)
Fn.	Fußnote
FS	Festschrift

G-BA	Gemeinsamer Bundesausschuss
GesR	Gesundheitsrecht
GewA	Zeitschrift für Gewerbe- und Wirtschaftsverwaltungsrecht
GG	Grundgesetz
GKV	Gesetzliche Krankenversicherung
GmbH	Gesellschaft mit beschränkter Haftung
GOÄ	Gebührenordnung für Ärzte
GOZ	Gebührenordnung für Zahnärzte
GRUR	Gewerblicher Rechtsschutz und Urheberrecht
GuP	Gesundheit und Pflege
HerzschrElektrophys	Herzschrittmachertherapie+Elektrophysiologie
HPG	Heilpraktikergesetz
Hrsg.	Herausgeber
Hs.	Halbsatz
HWG	Heilmittelwerbegesetz
i. d. F. v.	in der Fassung vom
i. d. S.	in diesem Sinne
i. S. d.	im Sinne des/der
i. S. v.	im Sinne von
i. V. m.	in Verbindung mit
IGeL	Individuelle Gesundheitsleistungen
Kap.	Kapitel
KBV	Kassenärztliche Bundesvereinigung
KG	Kammergericht
KHEntgG	Krankenhausentgeltgesetz
KZBV	Kassenzahnärztliche Bundesvereinigung
LÄK	Landesärztekammer
LBO	Landesberufsordnung
LG	Landgericht
lit.	littera
LPsychThK	Landespsychotherapeutenkammer
LSG	Landessozialgericht
m. w. N.	mit weiteren Nachweisen
MB/KK	Musterbedingungen für die Krankheitskosten- und Krankenhaustagegeldversicherung
MB/KT	Musterbedingungen für die Krankentagegeldversicherung
MBO-Ä	(Muster-)Berufsordnung für die in Deutschland tätigen Ärztinnen und Ärzte

MBO-PsychTh	Muster-Berufsordnung der Psychologischen Psychotherapeuten und Kinder- und Jugendlichenpsychotherapeuten
MBO-Z	Musterberufsordnung der Bundeszahnärztekammer
MedR	Medizinrecht
MMR	Multimedia und Recht
MPAV	Verordnung zur Regelung der Abgabe von Medizinprodukten
MPG	Medizinproduktegesetz
n. F.	neue Fassung
NJW	Neue Juristische Wochenschrift
NJW-RR	Rechtsprechungs-Report der Neuen Juristischen Wochenschrift
Nr.	Nummer
NZA	Neue Zeitschrift für Arbeitsrecht
NZS	Neue Zeitschrift für Sozialrecht
OLG	Oberlandesgericht
PKV	Private Krankenversicherung
PsychThG	Psychotherapeutengesetz
PsychThK	Psychotherapeutenkammer
RegE	Regierungsentwurf
RGBl.	Reichsgesetzblatt
RL	Richtlinie
Rn.	Randnummer
S.	Satz/Seite
SächsHKaG	Sächsisches Heilberufekammergesetz
SeeAufgG	Gesetz über die Aufgaben des Bundes auf dem Gebiet der Seeschifffahrt
SG	Sozialgericht
SGB	Sozialgesetzbuch
StrlSchV	Strahlenschutzverordnung
u. a.	unter anderem
Urt.	Urteil
usw.	und so weiter
UWG	Gesetz gegen den unlauteren Wettbewerb
v.	vom
VersR	Versicherungsrecht
VG	Verwaltungsgericht
Vgl.	Vergleiche

VO	Verordnung
VuR	Verbraucher und Recht
z. B.	zum Beispiel
ZESAR	Zeitschrift für europäisches Sozial- und Arbeitsrecht
ZHG	Zahnheilkundegesetz
Ziff.	Ziffer
ZMGR	Zeitschrift für das gesamte Medizin- und Gesundheitsrecht

1.1 Begriff der (ausschließlichen) Fernbehandlung

Eine Fernbehandlung i. S. v. § 7 Abs. 4 MBO-Ä wird angenommen, „wenn der Kranke oder für ihn ein Dritter dem Arzt, der die Krankheit erkennen und behandeln soll, Angaben über die Krankheit insbesondere Symptome oder Befunde übermittelt und dieser ohne den Kranken unmittelbar vor Ort gesehen und die Möglichkeit einer Untersuchung gehabt zu haben, entweder die Diagnose stellt oder einen Behandlungsvorschlag unterbreitet"[1]. Beide Handlungen stehen in einem Alternativverhältnis.[2] Der Schwerpunkt liegt dabei auf der **Individualität des Betroffenen und seiner Erkrankung** sowie dem **Fehlen einer physischen Präsenz des Behandlers** am Ort des Patienten. Eine Legaldefinition des Fernbehandlungsbegriffs findet sich in § 9 HWG, nach der es sich um die „**Erkennung oder Behandlung von Krankheiten, Leiden, Körperschäden oder krankhaften Beschwerden [handelt], die nicht auf eigener Wahrnehmung an dem zu behandelnden Menschen […] beruht"**. Diese Vorschrift regelt aber nicht die Fernbehandlung selbst, sondern nur eine darauf bezogene Werbung.[3] Im Rahmen des Heilmittelwerberechts verlangt die Rechtsprechung ebenfalls eine Diagnose- und/oder Therapieentscheidung, bei der sich der Behandelnde „konkret und individuell zu der zu behandelnden Person äußert […] und diese Äußerung nicht auf einer eigenen Wahrnehmung des Arztes beruht."[4] Diese Definition ist weniger strikt, da sie die Form der Wahrnehmung nicht explizit vorgibt.

---

[1]Prütting, in: Ratzel/Lippert/Prütting (Hrsg.), MBO-Ä, 7. Aufl. 2018, § 7, Rn. 35.

[2]OLG München, Urt. v. 08.10.2015 – 6 U 1509/15, BeckRS 2016, 12692.

[3]Gruner, GesR 2017, 288 (289); Kuhn/Heinz, GesR 2018, 691 (697).

[4]OLG Köln, Urt. v. 10.08.2012 – 6 U 235/11, MMR 2013, 176 (177).

© Springer Fachmedien Wiesbaden GmbH, ein Teil von Springer Nature 2019
E. Hahn, *Telemedizin – Das Recht der Fernbehandlung,* essentials,
https://doi.org/10.1007/978-3-658-26737-7_1

Eine **ausschließliche** Fernbehandlung liegt vor, wenn die genannten Maßnahmen vollständig ohne einen (vorangegangenen)[5] physischen Behandler-Patienten-Kontakt[6] stattfinden. Sie ist Gegenstand des Werbeverbots aus § 9 HWG.[7] Die Fortsetzung einer Therapie per Telefon oder Internet ist dagegen zwar eine Fernbehandlung, als solche aber nicht ausschließlich.

1.2 Historische Entwicklung des Fernbehandlungsrechts

Frühe Vorläufer des modernen Fernbehandlungsrechts finden sich bereits im 19. Jahrhundert in einigen regionalen Standesregelungen für Ärzte und bereits ab 1926 in § 3 der „Standesordnung für die deutschen Ärzte".[8] Die aus dem Jahr 1937 stammende „Berufsordnung für die deutschen Ärzte" verbot ausdrücklich, „Kranke [...] nur brieflich oder nur fernmündlich oder auf andere Weise nur aus der Ferne"[9] zu behandeln. Spezialgesetzlich mit einer eigenen Legaldefinition ausgestattet untersagte zudem das „Reichsgesetz zur Bekämpfung der Geschlechtskrankheiten" aus dem Jahr 1927 in seinem § 7 Abs. 2 S. 2 „solche Krankheiten anders als aufgrund eigener Wahrnehmung zu behandeln (Fernbehandlung)"[10]. Eine frühe Regelung für das Recht der PKV enthielt § 16 Abs. 1 S. 2 der „Normativbedingungen für private Krankenversicherungsunternehmen" – einem Vorläufer der heutigen MB/KK – aus dem Jahr 1929, der eine Erstattungspflicht für Leistungen von Ärzten, „die Fernbehandlung [...] betreiben"[11], ausschloss.

---

[5]So zumindest BÄK, Hinweise v. 11.12.2015, S. 3 f.

[6]Mit „Behandler" und „Patient" ist hier die tatsächlich ausführende bzw. behandelte Person gemeint und damit abweichend von § 630a Abs. 1 BGB (Behandelnder) nicht zwingend der Vertragspartner.

[7]Gruner, GesR 2017, 288 (289); vgl dazu auch BÄK, Hinweise v. 22.03.2019, S. 7.

[8]Locher, Bay Ärztebl 2017, 514; Taupitz, Die Standesordnungen der freien Berufe, 1991, S. 288.

[9]Zitiert nach Locher, Bay Ärztebl 2017, 514 (515).

[10]RGBl. 1927 I, S. 536 (538).

[11]Zitiert nach BGH, NJW 1978, 589 (590).

Berufsrecht

2

2.1 Grundzüge des Berufsrechts der Heilberufe

Das Berufsrecht der Heilberufe besteht im Wesentlichen aus zwei Bereichen. Zum einen regelt es die Frage, ob und unter welchen Voraussetzungen eine Person überhaupt den Beruf des Arztes oder Zahnarztes usw. ausüben darf. Dieses **Berufszugangsrecht** ist innerhalb der **Kompetenzverteilung des Grundgesetzes** durch Art. 74 Abs. 1 Nr. 19 i. V. m. Art. 72 Abs. 1 GG als konkurrierende Gesetzgebungskompetenz der Zuständigkeit der Bundesländer entzogen, sobald der Bund von seinem Gesetzgebungsrecht Gebrauch gemacht hat. Es umfasst[1] alle Regelungen über die Erteilung, die Rücknahme, den Widerruf und das Ruhen der Approbation sowie die Erteilung einer Berufsausübungserlaubnis und findet sich primär in der BÄO für Ärzte, im ZHG für Zahnärzte, im PsychThG für psychologische Psychotherapeuten und Kinder- und Jugendlichenpsychotherapeuten sowie im HPG für Heilpraktiker.[2] Den anderen großen Bereich bildet das **Berufsausübungsrecht.** Dieses schafft den Rahmen der tatsächlichen beruflichen Betätigung und regelt etwa auch die Frage, ob und unter welchen Voraussetzungen eine Behandlung ohne persönlichen, ortsgebundenen Kontakt zwischen Behandler und Patient (**Fernbehandlung**) durchgeführt werden darf. Nach der Regelkompetenzverteilung aus Art. 70 Abs. 1 GG liegt es überwiegend in der **Zuständigkeit der Bundesländer,** die durch ihre Heilberufs- und Kammergesetze den Rahmen vorgeben, die Detailfragen aber der Selbstverwaltung der

---

[1]BVerfG, Beschl. v. 09.05.1972 – 1 BvR 518/62 u. 308/64, NJW 1972, 1504 (1505).

[2]Bei den hier ausgewählten Akteuren handelt es sich um die Berufsgruppen, denen eine selbstständige Heilkundeausübung gestattet ist.

© Springer Fachmedien Wiesbaden GmbH, ein Teil von Springer Nature 2019
E. Hahn, *Telemedizin – Das Recht der Fernbehandlung,* essentials,
https://doi.org/10.1007/978-3-658-26737-7_2

Heilberufskammern überlassen. Als Ausdruck ihrer **Autonomie** beschließen die Heilberufskammern eigene Berufsordnungen und begründen damit Sonderrecht für ihre Mitglieder. Dieses teilweise regional sehr unterschiedlich ausgestaltete **autonome Satzungsrecht** orientiert sich an den empfehlenden Vorgaben der MBOs von BÄK, BZÄK und BPsychThK. Es ist jedoch nicht daran gebunden.

Neben den genannten Vorschriften findet sich eine **Vielzahl weiterer Regelungen in anderen Bereichen des Medizin- und Sozialversicherungsrechts**, die ebenfalls Vorgaben für die heilkundliche Berufsausübung enthalten und auch für die Fernbehandlung bedeutsam sind. Eine zentrale Rolle nimmt dabei das in den §§ 630a ff. BGB geregelte Behandlungsvertragsrecht ein. Zu nennen sind außerdem die produktbezogenen Regelungen in AMG und MPG, Vorschriften des Heilmittelwerberechts im HWG, das Recht der gesetzlichen Krankenversicherung und das Vertragsarztrecht im SGB V sowie eine Vielzahl von Spezialvorschriften für besondere Diagnose- und Therapieverfahren. Beispielhaft ist hier § 123 StrlSchV für die Teleradiologie zu nennen.

Zusätzlich zur Landes- und Bundesebene sind internationale und dabei insbesondere europäische Regelungen zu beachten. Bedeutsam für die Ausübung eines Heilberufs im Kontext der Fernbehandlung sind etwa

- die Richtlinie über die Anerkennung von Berufsqualifikationen (RL 2005/36/EG) – „Berufsqualifikationsrichtlinie",
- die Richtlinie über die Ausübung der Patientenrechte in der grenzüberschreitenden Gesundheitsversorgung (RL 2011/24/EU) – „Patientenmobilitätsrichtlinie",
- die Verordnung (EG) Nr. 593/2008 über das auf vertragliche Schuldverhältnisse anzuwendende Recht – „Rom-I-VO",
- die Verordnung (EG) Nr. 864/2007 über das auf außervertragliche Schuldverhältnisse anzuwendende Recht – „Rom-II-VO",
- die Richtlinie über den elektronischen Geschäftsverkehr (RL 2000/31/EG) – „E-Commerce-Richtlinie",
- die Verordnung (EG) Nr. 883/2004 zur Koordinierung der Systeme der sozialen Sicherheit – „Sozialrechtskoordinierungsverordnung" und
- die Richtlinie über die Rechte der Verbraucher (2011/83/EU) – „Verbraucherrechterichtlinien".

2.2 Fernbehandlung nach der Musterberufsordnung der Bundesärztekammer

Im Mai 2018 hat der 121. DÄT eine Neufassung des Fernbehandlungsrechts in § 7 Abs. 4 MBO-Ä beschlossen (siehe Tab. 2.1).[3] Damit wird eine schon auf dem 120. DÄT erhobene Liberalisierungsforderung[4] umgesetzt und das Berufsrecht gegenüber neuen digitalen Behandlungsformen geöffnet, die auch von der Patientenseite vermehrt eingefordert[5] wurden. Darüber hinaus sah sich die Ärzteschaft veranlasst, auf **europäische Konkurrenten** zu reagieren, die Fernbehandlungsleistungen schon zuvor auf der Grundlage ihres Heimatrechts anbieten und auf Basis der europäischen Dienstleistungsfreiheit nach den Art. 56 ff. AEUV auch gegenüber deutschen Patienten grenzüberschreitend erbringen konnten. Neben diesen rechtspolitischen Argumenten sprachen in sachlicher Hinsicht auch die allgemein voranschreitende Digitalisierung der Gesellschaft und damit auch des Gesundheitswesens, die Möglichkeit einer zumindest digital gewährten Erreichbarkeit eines Behandlers in abgelegenen oder stark unterversorgten Regionen und andere positive Effekte – wie die Vermeidbarkeit von Ansteckungen beim Praxisbesuch – für eine Öffnung des ärztlichen Fernbehandlungsrechts.[6]

Die ärztliche Fernbehandlung war auch schon vor 2018 nicht generell verboten, sondern nach § 7 Abs. 4 S. 1 MBO-Ä a. F. auf die nicht ausschließliche Form beschränkt.[7] Ausgeschlossen war daher „nur" eine individuelle Beratung und Behandlung des Patienten, bei der überhaupt kein unmittelbarer Kontakt zwischen ihm und dem Arzt stattfand. Gegen ergänzende telemedizinische Leistungen bestanden dagegen keine grundsätzlichen Bedenken.[8] In der Praxis bereitete die Vorschrift jedoch **Auslegungsschwierigkeiten,** da sie etwa offenließ, ob sich das Ausschließlichkeitskriterium auf eine konkrete Erkrankung oder ein bestimmtes Behandlungsintervall bezog. Aufgrund der Vorbildwirkung der MBO-Ä für die BOs der LÄKn sah sich die BÄK daher bereits im Jahr 2015 veranlasst, zu der von ihr vertretenen Interpretation von § 7 Abs. 4 MBO-Ä a. F. eine Stellungnahme abzugeben. Darin vertrat sie die Auffassung, dass „allgemeine Erörterungen einer medizinischen Frage ohne Bezug auf einen bestimmten

---

[3]121. DÄT, Protokoll IV-01, S. 1.

[4]120. DÄT, Protokoll II-29, II-35.

[5]Nachweise bei Hahn, MedR 2018, 384.

[6]So auch Katzenmeier, MedR 2019, 259 (267).

[7]BÄK, Hinweise v. 11.12.2015, S. 1.

[8]BÄK, Hinweise v. 11.12.2015, S. 4 ff.

Tab. 2.1 Fassungsvergleich von § 7 Abs. 4 MBO-Ä

§ 7 Abs. 4 MBO-Ä n. F	§ 7 Abs. 4 MBO-Ä a. F
Ärztinnen und Ärzte beraten und behandeln Patientinnen und Patienten im persönlichen Kontakt. Sie können dabei Kommunikationsmedien unterstützend einsetzen. Eine ausschließliche Beratung oder Behandlung über Kommunikationsmedien ist im Einzelfall erlaubt, wenn dies ärztlich vertretbar ist und die erforderliche ärztliche Sorgfalt insbesondere durch die Art und Weise der Befunderhebung, Beratung, Behandlung sowie Dokumentation gewahrt wird und die Patientin oder der Patient auch über die Besonderheiten der ausschließlichen Beratung und Behandlung über Kommunikationsmedien aufgeklärt wird.	Ärztinnen und Ärzte dürfen individuelle ärztliche Behandlung, insbesondere auch Beratung, nicht ausschließlich über Print- und Kommunikationsmedien durchführen. Auch bei telemedizinischen Verfahren ist zu gewährleisten, dass eine Ärztin oder ein Arzt die Patientin oder den Patienten unmittelbar behandelt.

Patienten und sein geschildertes Krankheitsbild"[9] nicht vom Verbot individueller, ausschließlicher Fernbehandlungen erfasst seien. Die Kombination von unmittelbar vor Ort erfolgender und fernkommunikativer Behandlung wurde zwar berufsrechtlich akzeptiert. Das galt jedoch nur, wenn die Fernbehandlung nicht den Erstkontakt zwischen Arzt und Patienten gebildet hat.[10] Beide Einschränkungen wurden weder den Anforderungen der Praxis noch dem Wunsch eines Teils der Patienten nach echter Fernbehandlung gerecht.

Die Neuregelung aus dem Jahr 2018 setzt ihren **Schwerpunkt** weiterhin auf den **persönlichen Arzt-Patienten-Kontakt.**[11] Der Begriff „persönlich" schließt dabei zwar ausschließliche Fernbehandlungen semantisch nicht aus, soll aber nach der Lesart der BÄK die **physische Präsenz** des Arztes beim Patienten als sogenannten **„Goldstandard"**[12] hervorheben.[13] Diesen zu betonen, wurde ebenfalls schon auf dem 120. DÄT im Jahr 2017 gefordert.[14] In gleicher Weise

---

[9]BÄK, Hinweise v. 11.12.2015, S. 2; ebenso Ärztliches BerufsG Niedersachsen, Urt. v. 07.03.2012 – BG 6/11, MedR 2012, 839 (840) und BÄK, Hinweise v. 22.03.2019, S. 2.

[10]BÄK, Hinweise v. 11.12.2015, S. 22.

[11]Stellpflug, GesR 2019, 76 (77).

[12]BÄK, Hinweise v. 22.03.2019, S. 1; so auch 121. DÄT, Protokoll IV-01, S. 2.

[13]BÄK, Synopse zur Änderung v. § 7 Abs. 4 MBO-Ä v. 21.03.2018, S. 1.

[14]120. DÄT, Protokoll II-29, II-23.

ist auch der zweite Satz von § 7 Abs. 4 MBO-Ä n. F. zu verstehen, nach dem Kommunikationsmedien unterstützend eingesetzt werden können. Er hebt hervor, dass die „notwendige persönliche Zuwendung von Ärztinnen und Ärzten nicht"[15] durch digitale Techniken ersetzt werden darf. Zumindest insoweit hat sich nichts Grundlegendes an der Vorschrift geändert.[16]

Einen **echten Paradigmenwechsel** leitet dagegen der dritte Satz von § 7 Abs. 4 MBO-Ä n. F. ein. Dieser gestattet eine **ausschließliche** Beratung oder Behandlung über Kommunikationsmedien **(Fernbehandlung)** im Einzelfall, wenn dieses unter Beachtung der erforderlichen Sorgfalt ärztlich vertretbar ist. Die Regelung verfolgt das Ziel, den „Patienten zukünftig mit der Fort- und Weiterentwicklung telemedizinischer, digitaler, diagnostischer und anderer vergleichbarer Möglichkeiten eine dem anerkannten Stand medizinischer Erkenntnisse entsprechende ärztliche Versorgung anbieten zu können"[17]. Der Begriff „**Kommunikationsmedien**" orientiert[18] sich am Wortlaut von § 312c Abs. 2 BGB und erfasst alle Kommunikationsmittel, die zur Anbahnung oder zum Abschluss eines Vertrags eingesetzt werden können, ohne dass die Vertragsparteien gleichzeitig körperlich anwesend sind. Dazu zählen etwa Briefe, Kataloge, Telefonanrufe, Telekopien, E-Mails, SMS/MMS sowie Rundfunk und Telemedien. Die vom Fernbehandlungsbegriff bisher ebenfalls erfasste und zumindest traditionell[19] den Kern des Verbots bildende Kommunikation über Printmedien wird durch § 7 Abs. 4 S. 3 MBO-Ä zwar ebenfalls nicht mehr generell ausgeschlossen,[20] dürfte aber auch künftig nicht medizinisch vertretbar sein.

Auslegungsbedarf besteht beim Tatbestandsmerkmal „**Einzelfall**" in § 7 Abs. 4 S. 3 MBO-Ä, das mindestens zwei Interpretationsvarianten zulässt: Einerseits könnte der Einzelfall auf alle Tätigkeiten eines Arztes bezogen sein, sodass dieser regelmäßig physisch bei seinen Patienten präsent sein muss und nur ausnahmsweise („vereinzelt") Fernbehandlungen erbringen darf. Andererseits könnte der „Einzelfall" aber auch die **Individualität** des menschlichen Körpers und einer Erkrankung betonen, die letztlich immer eine Behandlung des Patienten

---

[15]BÄK, Synopse zur Änderung v. § 7 Abs. 4 MBO-Ä v. 21.03.2018, S. 1.

[16]BÄK, Synopse zur Änderung v. § 7 Abs. 4 MBO-Ä v. 21.03.2018, S. 1; 121. DÄT, Protokoll IV-01, S. 2.

[17]BÄK, Synopse zur Änderung v. § 7 Abs. 4 MBO-Ä v. 21.03.2018, S. 2.

[18]BÄK, Hinweise v. 22.03.2019, S. 3; BÄK, Synopse zur Änderung v. § 7 Abs. 4 MBO-Ä v. 21.03.2018, S. 2.

[19]Locher, Bay Ärztebl 2017, 514.

[20]Ebenso Braun, MedR 2018, 563 (564) und 121. DÄT, Protokoll IV-01, S. 1.

„als Einzelfall" verlangt. Für dieses deutlich liberalere Verständnis spricht unter anderem die Begründung der BÄK zur Neufassung, nach der ein Arzt „durch eine jeweilige Prüfung des Einzelfalls"[21] über die Durchführung einer Fernbehandlung zu entscheiden hat. Ein weiteres Argument findet sich in der Forderung der BÄK, dass „telemedizinische Primärarztmodelle […] dabei zu vermeiden"[22] seien, damit aber wohl nicht gänzlich verboten werden sollten. In ihren Hinweisen und Erläuterungen zu § 7 Abs. 4 MBO-Ä vom 22.03.2019 hat die BÄK diese Lesart ausdrücklich bestätigt und ausgeführt, dass „nicht per se Modelle ausgeschlossen werden [sollten], die auf eine Beratung oder Behandlung ausschließlich über Kommunikationsmedien ausgerichtet sind"[23].

Die erforderliche **Vertretbarkeit** der Fernbehandlung **unter Beachtung der ärztlichen Sorgfalt** vereint zwei zentrale Aussagen. Zum einen wird die Entscheidung über deren Einsatz dem Arzt zugewiesen.[24] Ebenso wie dieser in anderen Fällen gemeinsam mit dem Patienten die geeignete Therapieform auswählen muss und darf, gilt das nun auch für die Notwendigkeit physischer Präsenz beim Patienten. Die Entscheidung kann beispielsweise von der Krankheitssituation des Patienten, dessen Verständnisfähigkeit und Mitwirkungsbereitschaft oder der vorhandenen apparativen Ausstattung abhängig sein. Zwischen der berufsrechtlich erforderlichen Vertretbarkeit unter Beachtung der ärztlichen Sorgfalt nach § 7 Abs. 4 S. 3 MBO-Ä n. F. und der Pflicht zur Einhaltung des zum Zeitpunkt der Behandlung bestehenden, allgemein anerkannten fachlichen Standards nach § 630a Abs. 2 BGB (dazu 3.2) bestehen weitgehende **Überschneidungen.**[25]

Der Begriff der „ärztlichen Sorgfalt" verdeutlicht zugleich die **besonderen Risiken,** die mit einer Fernbehandlung, insbesondere bei der **Diagnose** und **Therapieempfehlung,** einhergehen können.[26] Vor dem ausschließlichen Einsatz telemedizinischer Verfahren muss der Arzt daher eine besondere, über die allgemeine **Risiko-Nutzen-Analyse** hinausgehende, Abwägung vornehmen. Gleiches gilt auch für die Phase der **Therapiedurchführung,** bei der der Arzt

---

[21]121. DÄT, Protokoll IV-01, S. 3.

[22]121. DÄT, Protokoll IV-01, S. 2.

[23]BÄK, Hinweise v. 22.03.2019, S. 3.

[24]BÄK, Hinweise v. 22.03.2019, S. 3.

[25]So auch BÄK, Hinweise v. 22.03.2019, S. 4, unter Bezugnahme auf die „Art und Weise der Befunderhebung, Beratung und Behandlung"; Braun, MedR 2018, 563 (564) zumindest für den „groben Behandlungsfehler"; vgl. allgemein zum Facharztstandard bei der Fernbehandlung: Bergmann, MedR 2016, 497 (499) und 121. DÄT, Protokoll IV-01, S. 1.

[26]Braun, MedR 2018, 563 (564).

bei entstehenden Kommunikationsschwierigkeiten oder einer aus seiner Sicht eintretenden Insuffizienz der Fernbehandlung, diese abbrechen und in Form des physischen Arzt-Patienten-Kontakts vor Ort fortsetzen muss.[27] Die ärztliche Sorgfalt bezieht sich auch auf das grundsätzliche Vorhandensein, die Eignung und die Funktionstüchtigkeit der **apparativen Ausstattung** für die Fernbehandlung sowie die hinreichende **Qualifikation**[28] **des eingesetzten Personals.**

Nach § 7 Abs. 4 S. 3 MBO-Ä soll die bei der Fernbehandlung **einzuhaltende ärztliche Sorgfalt** insbesondere durch die Art und Weise der **Befunderhebung, Beratung, Behandlung** und **Dokumentation** gewahrt werden. Dabei handelt es sich um besondere Ausdrucksformen des auch an anderer Stelle – wie z. B. in § 2 Abs. 2 bzw. 3 („gewissenhafte Ausübung des Berufs") und § 11 („Ärztliche Untersuchungs- und Behandlungsmethoden") MBO-Ä –[29] verankerten Sorgfaltsbegriffs. Die Einhaltung dieser exemplarisch genannten Pflichten, die in den §§ 630a ff. BGB und in den ärztlichen Berufsordnungen konkretisiert sind, wird dadurch aber nur *prima facie* zur Grundbedingung einer berufsrechtlich zulässigen Fernbehandlung erhoben.[30] Anderenfalls käme es zu einer bedenklichen Überlagerung, bei der jeder Verstoß gegen Vorgaben aus einem anderen Regelungsbereich zugleich die Fernbehandlung „mit infizieren" würde. Außerdem könnte dann etwa ein Mangel bei der Dokumentation eine zuvor im Übrigen ordnungsgemäß durchgeführte Fernbehandlung nachträglich zu Fall bringen. Übereinstimmend mit der Interpretation der BÄK ist daher von einer „nur" programmatischen Rolle des Verweises auszugehen. Er verdeutlicht, dass den genannten Anforderungen „bei der ausschließlichen Beratung und Behandlung aus der Ferne eine besondere Bedeutung zukommt und sie von [...] dem Arzt zu gewährleisten sind"[31]. Gleichzeitig verlangt er, dass etwaige **Nachteile** aus der Fernbehandlung einzelfallbezogen – soweit wie möglich – durch die genannten Handlungen **kompensiert** werden. Der Hinweis auf die Dokumentation soll zudem verdeutlichen, dass gerade auch die tragenden Gründe der Entscheidung für eine ausschließliche Fernbehandlung („ärztliche Vertrebarkeit im Einzelfall") zu dokumentieren sind.[32]

---

[27]Braun, MedR 2018, 563 (564); Kuhn, GesR 2016, 748 (751); BÄK, Hinweise v. 22.03.2019, S. 3.

[28]Braun, MedR 2018, 563 (564).

[29]Vgl. dazu Scholz, in: Spickhoff (Hrsg.), Medizinrecht, 3. Aufl. 2018, 7 MBO-Ä, Rn. 15 und BÄK, Hinweise v. 22.03.2019, S. 3.

[30]So auch allgemein zur Nennung der „ärztlichen Sorgfalt": BÄK, Hinweise v. 22.03.2019, S. 3.

[31]BÄK, Synopse zur Änderung v. § 7 Abs. 4 MBO-Ä v. 21.03.2018, S. 2.

[32]BÄK, Hinweise v. 22.03.2019, S. 4.

Im letzten Halbsatz enthält § 7 Abs. 4 MBO-Ä n. F. die ärztliche Ver-
pflichtung, den Patienten über die Besonderheiten der ausschließlichen Fernbehandlung aufzuklären. Diese geht über die allgemeinen **Aufklärungspflichten**
aus § 8 MBO-Ä, § 7 Abs. 1 MBO-PsychTh und § 630e BGB hinaus[33] und betrifft
die besonderen medizinischen Anforderungen an eine Fernbehandlung ebenso
wie die Gewährleistung einer adäquaten **Kommunikationsübertragung.**[34] Dem
Patienten muss etwa verdeutlicht werden, dass eine rein telemedizinische Diagnostik zwangsläufig andere Möglichkeiten bietet als die Wahrnehmung in der
Praxis mit allen fünf Körpersinnen des Arztes.[35] Ein weiterer Gegenstand der
besonderen Aufklärungspflicht kann auch der gesteigerte **Mitwirkungsbedarf**
auf der Seite des Patienten sein.[36] Ist die Durchführung einer ausschließlichen
Fernbehandlung im Einzelfall nicht ärztlich vertretbar, kann dieses Defizit auch
nicht durch eine intensive Aufklärung kompensiert werden.[37]

Neben § 7 Abs. 4 MBO-Ä enthalten auch andere Regelungen des Berufsrechts
zumindest mittelbare Vorgaben für die Fernbehandlung. An erster Stelle steht
dabei § 2 Abs. 2 S. 1 MBO-Ä, der von Ärzten verlangt, ihren Beruf gewissen-
haft auszuüben und dem ihnen entgegengebrachten Vertrauen zu entsprechen.[38]
Zu beachten ist außerdem die Pflicht zur **Niederlassung in einer Praxis** nach
§ 17 Abs. 1 MBO-Ä, die auch solche Ärzte trifft, die in großem Umfang oder
sogar überwiegend Fernbehandlungsleistungen erbringen.[39] Ob und inwieweit
die Öffnung von § 7 Abs. 4 MBO-Ä n. F. zumindest langfristig auch zu einer
Wandelung des „Praxisbegriffs" von der Ortsgebundenheit[40] zur einer möglichen
reinen Onlinepräsenz führt, ist noch nicht abzusehen. Außerdem kann durch die
Aufnahme einer zusätzlichen (fern)ärztlichen Tätigkeit außerhalb des Bereichs
der bisher zuständigen LÄK eine **weitere Pflichtmitgliedschaft** in einer anderen
Kammer mit gegebenenfalls abweichendem Standesrecht entstehen.[41]

---

[33]121. DÄT, Protokoll IV-01, S. 3.
[34]Braun, MedR 2018, 563 (564); vgl. dazu BÄK, Hinweise v. 22.03.2019, S. 4.
[35]Bergmann, MedR 2016, 497 (500); Stellpflug, GesR 2019, 76 (78).
[36]Schneider, HerzschrElektrophys 2017, 303 (305).
[37]BÄK, Hinweise v. 22.03.2019, S. 4.
[38]Vgl. dazu Scholz, in: Spickhoff (Hrsg.), Medizinrecht, 3. Aufl. 2018, 7 MBO-Ä, Rn. 15.
[39]Vgl. dazu 121. DÄT, Protokoll IV-01, S. 3.
[40]Ratzel, in: Ratzel/Lippert/Prütting (Hrsg.), MBO-Ä, 7. Aufl. 2018, § 17, Rn. 2.
[41]VG Berlin, Urt. v. 30.03.2012 – VG 14 A 34.08; VG Potsdam, Urt. v. 20.03.2012 – VG
6 K 103/09, GewA 2012, 490.

2.3 Fernbehandlung nach den Berufsordnungen der Landesärztekammern

Die Landesärztekammern haben **§ 7 Abs. 4 MBO-Ä n. F. weitgehend**[42] in ihren LBOs **umgesetzt.** Dazu zählen Bayern (i. d. F. v. 28.10.2018), Berlin (i. d. F. v. 10.10.2018), Bremen (i. d. F. v. 03.09.2018), Hamburg (Beschl. v. 08.04.2019), Hessen (i. d. F. v. 27.11.2018), Niedersachsen (i. d. F. v. 01.12.2018), Nordrhein (Beschl. v. 24.11.2018), Rheinland-Pfalz (i. d. F. v. 19.09.2018), Sachsen-Anhalt (i. d. F. v. 03.11.2018), Saarland (Beschl. v. 10.04.2019), Thüringen (i. d. F. v. 02.01.2019) und Westfalen-Lippe (i. d. F. v. 30.06.2018). Die LÄK Sachsen (i. d. F. v. 09.07.2018) verzichtet in ihrer Regelung auf den letzten Halbsatz zur Aufklärung und führt diese gemeinsam mit Befunderhebung, Beratung, Behandlung sowie Dokumentation auf. Die vermeintlich geringsten Anforderungen statuiert die LBO der LÄK Schleswig-Holstein (i. d. F. v. 14.05.2018), nach der „vorbehaltlich anderweitiger gesetzlicher Regelungen [...] eine Beratung oder Behandlung ausschließlich über Kommunikationsmedien erlaubt [ist], wenn diese ärztlich vertretbar und ein persönlicher Kontakt mit [...] dem Patienten nicht erforderlich ist". Die LÄK Brandenburg (Beschl. v. 08.09.2018) hat im Jahr 2018 ausdrücklich gegen eine Anpassung ihrer LBO an die MBO-Ä votiert und hält damit weiterhin am Verbot ausschließlicher Fernbehandlungen fest. Auch die LBO der LÄK Mecklenburg-Vorpommern (i. d. F. v. 01.06.2016) entspricht bisher den Vorgaben von § 7 Abs. 4 MBO-Ä a. F.

Einen **Sonderweg** hat die LÄK Baden-Württemberg (i. d. F. v. 21.09.2018) eingeschlagen. Diese hatte bereits im Jahr 2016 eine Erprobungsklausel in § 7 Abs. 4 S. 3 LBO eingefügt und hält derzeit weiter daran fest. Danach bedürfen „Modellprojekte, insbesondere zur Forschung, in denen ärztliche Behandlungen ausschließlich über Kommunikationsnetze durchgeführt werden, [...] der Genehmigung durch die Landesärztekammer und sind zu evaluieren." Überregional bekannte Inhaber von **Modellgenehmigungen** sind z. B. die TeleClinic GmbH, das Projekt „DocDirekt" der Kassenärztlichen Vereinigung Baden-Württemberg, das Justizministerium Baden-Württemberg für die telemedizinische Versorgung von Strafgefangenen und die deutsche Niederlassung von DrEd/Zava.[43] Ungeachtet der rechtspolitisch verdienstvollen Vorreiterrolle, die die LÄK Baden-Württemberg

---

[42]Es bestehen nur geringfügige Unterschiede wie etwa der Verzicht auf die weibliche Form „Patientin" (vgl. § 7 Abs. 4 S. 3 LBO Bayerische LÄK) oder die Einfügung eines Kommas vor „insbesondere" (vgl. § 7 Abs. 4 S. 3 LBO LÄK Westfalen-Lippe).

[43]https://www.aerztekammer-bw.de/10aerzte/45afernbehandlung/index.html (abgerufen am 06.03.2019).

übernommen hat, bleibt sie mit ihrer LBO nun hinter der insoweit offeneren MBO-Ä zurück. Außerdem ist die baden-württembergische Modellklausel auch rechtlich problematisch. Sie stellt jede (ausschließliche) Fernbehandlung unter einen Genehmigungsvorbehalt und schränkt damit die ärztliche Berufsausübungsfreiheit aus Art. 12 Abs. 1 GG ein,[44] ohne Kriterien zu nennen, nach denen über einen Antrag zu entscheiden ist. Das verstößt wegen der klaren Genehmigungspflicht zwar nicht unmittelbar gegen das auch vom ärztlichen Berufsrecht zu beachtende Bestimmtheitsgebot[45], setzt einer Ablehnung aber praktisch keine normierten Grenzen. Es besteht die Gefahr, dass zur Vermeidung willkürlicher Entscheidungen faktisch jedem Antrag entsprochen werden muss, der nicht aus anderen berufsrechtlichen Gründen zu versagen ist.

2.4   Fernbehandlung im zahnärztlichen Berufsrecht

Die MBO-Z enthielt schon in der Vergangenheit keine expliziten Vorgaben für die Fernbehandlung. Dennoch wird teilweise ein (ungeschriebenes) standesrechtliches Fernbehandlungsverbot für Zahnärzte angenommen und unter Bezugnahme auf § 7 Abs. 4 MBO-Ä n. F. eine klarstellende Regelung in der MBO-Z gefordert.[46] Das ist abzulehnen. Ohne explizit zu überwindendes Verbot ist gerade vor dem Hintergrund der Diskussion um den Text der MBO-Ä auch keine deklaratorische Freigabe erforderlich. Wie bei der ärztlichen Tätigkeit sind aber auch im zahnärztlichen Bereich die weiteren berufsrechtlichen Anforderungen – wie z. B. die Pflicht zur Beachtung der Regeln der zahnmedizinischen Wissenschaft nach § 2 Abs. 2 lit. a MBO-Z und die Notwendigkeit eines Praxissitzes nach § 9 Abs. 1 MBO-Z – zu beachten.

2.5   Fernbehandlung nach der Musterberufsordnung der Bundespsychotherapeutenkammer

Die MBO-PsychTh betont in ihrem § 5 Abs. 5 S. 1 ebenfalls den persönlichen Behandler-Patienten-Kontakt. Sie enthielt in § 5 Abs. 5 S. 2 a. F. aber bereits seit Jahren die Möglichkeit, in begründeten Ausnahmefällen und unter

---

[44]Vgl. dazu OLG München, Urt. v. 08.10.2015 – 6 U 1509/15, BeckRS 2016, 12692.

[45]Zur Bedeutung des Bestimmtheitsgebots für das ärztliche Berufsrecht vgl. BVerfG, Beschl. v. 03.03.2014 – 1 BvR 1128/13, NJW 2014, 2019 (2020) und Beschl. v. 09.05.1972 – 1 BvR 518/62 u. 308/64, NJW 1972, 1504 (1508).

[46]Vgl. dazu Raack, Der freie Zahnarzt 02/2019, 25 (26).

Tab. 2.2 Fassungsvergleich von § 5 Abs. 5 MBO-PsychTh

§ 5 Abs. 5 MBO-PsychTh n. F.	§ 5 Abs. 5 MBO-PsychTh a. F.
Psychotherapeutinnen und Psychotherapeuten erbringen psychotherapeutische Behandlungen im persönlichen Kontakt. Behandlungen über Kommunikationsmedien sind unter besonderer Beachtung der Vorschriften der Berufsordnung, insbesondere der Sorgfaltspflichten, zulässig. Dazu gehört, dass Eingangsdiagnostik, Indikationsstellung und Aufklärung die Anwesenheit der Patientin oder des Patienten erfordern. Die Mitwirkung an Forschungsprojekten, in denen psychotherapeutische Behandlungen ausschließlich über Kommunikationsmedien durchgeführt werden, bedarf der Genehmigung durch die Landespsychotherapeutenkammer.	Psychotherapeuten erbringen psychotherapeutische Behandlungen im persönlichen Kontakt. Sie dürfen diese über elektronische Kommunikationsmedien nur in begründeten Ausnahmefällen und unter Beachtung besonderer Sorgfaltspflichten durchführen. Modellprojekte, insbesondere zur Forschung, in denen psychotherapeutische Behandlungen ausschließlich über Kommunikationsnetze durchgeführt werden, bedürfen der Genehmigung durch die Kammer und sind zu evaluieren.

Beachtung besonderer Sorgfaltspflichten eine Behandlung über elektronische Kommunikationsmedien durchzuführen. Ihr Wortlaut war daher offener als die Parallelregelung in § 7 Abs. 4 MBO-Ä a. F., da er die ausschließliche Fernbehandlung – zumindest im Ausnahmefall – nicht explizit ausschloss. Darüber hinaus enthielt auch § 5 Abs. 5 S. 3 MBO-PsychTh a. F. eine **Modellklausel,** nach der mit Genehmigung der Kammer „psychotherapeutische Behandlungen [insbesondere zur Forschung] ausschließlich über Kommunikationsnetze durchgeführt werden" durften. Durch Beschluss des 33. DPsychThT v. 17.11.2018 wurden diese Vorgaben ebenfalls reformiert (siehe Tab. 2.2).

Unverändert liegt der Schwerpunkt der Vorschrift auf dem **persönlichen Behandler-Patienten-Kontakt** und der Möglichkeit einer Genehmigung von Modellverfahren. Weggefallen ist dagegen der zuvor in § 5 Abs. 5 S. 2 MBO-PsychTh a. F. noch verlangte Ausnahmefall. An dessen Stelle ist ein Verweis auf die sonstigen Regelungen der Berufsordnung und die Sorgfaltspflichten getreten, sodass hier ein weitgehender Gleichlauf mit § 7 Abs. 4 S. 3 MBO-Ä n. F. besteht. Anders als das ärztliche Berufsrecht nimmt § 5 Abs. 5 S. 4 MBO-PsychTh n. F. jedoch **Eingangsdiagnostik, Indikationsstellung** und **Aufklärung** ausdrücklich aus dem Tätigkeitskanon einer zulässigen Fernbehandlung heraus. Das psychotherapeutische Berufsrecht bleibt damit trotz Modernisierung hinter den Möglichkeiten der reformierten MBO-Ä zurück.

2.6 Fernbehandlung nach den Berufsordnungen der Landespsychotherapeutenkammern

Die berufsrechtlichen Regelungen der LPsychThK weisen in der Frage der Fernbehandlung ebenfalls **erhebliche Unterschiede** auf. Die LPsychThK Bayern (i. d. F. v. 29.11.2018) und Bremen (i. d. F. v. 06.11.2018) haben § 5 Abs. 5 MBO-PsychTh n. F. bereits in ihren LBOs umgesetzt. Dagegen ist in den LBOs der LPsychThK Niedersachsen (i. d. F. v. 30.11.2018) und Saarland[47] (i. d. F. v. 30.06.2014) sowie der Ostdeutschen PsychThK (i. d. F. v. 25.10.2014) weiterhin § 5 Abs. 5 MBO-PsychTh a. F. verankert. In Baden-Württemberg, Berlin, Hamburg, Hessen, Nordrhein-Westfalen, Rheinland-Pfalz und Schleswig-Holstein finden sich weitere Regelungen (siehe Tab. 2.3).

Tab. 2.3 Fernbehandlungsregeln einzelner LPsychThK

BO der LPsychThK	
BO der LPsychThK Baden-Württemberg i. d. F. v. 15.03.2017	§ 5 Abs. 6 LBO: Psychotherapeuten führen psychotherapeutische Behandlungen grundsätzlich im persönlichen Kontakt durch. Krankenbehandlungen, die ausschließlich schriftlich oder über elektronische Kommunikationsmedien und Computernetze durchgeführt werden, sind im Bereich der heilkundlichen Psychotherapie unzulässig. In begründeten Ausnahmefällen und unter Beachtung besonderer Sorgfaltspflichten dürfen psychotherapeutische Behandlungen über elektronische Kommunikationsmedien nach dieser Berufsordnung durchgeführt werden; dabei sind die nachfolgenden Grundsätze zu beachten: • Diagnose, Indikation, Aufklärung und Einwilligung erfordern die Anwesenheit des Patienten, • die Überwachung des Behandlungsprozesses erfordert persönliche Kontakte, deren Intervalle und Dauer von der Psychotherapeutin/dem Psychotherapeuten fachlich zu gestalten und zu verantworten sind, • es ist ein ausreichender Datenschutz zu gewährleisten, hierfür sind alle erforderlichen Sicherungsmaßnahmen zu treffen. Modellprojekte, insbesondere zur Forschung, in denen psychotherapeutische Behandlungen ausschließlich über Kommunikationsnetze durchgeführt werden, bedürfen der Genehmigung durch die Landespsychotherapeutenkammer Baden-Württemberg und sind zu evaluieren.

(Fortsetzung)

---

[47]Abweichend von der MBO-PsychTh ist die Evaluation von Modellprojekten durch die Kammer fakultativ.

Tab. 2.3   (Fortsetzung)

BO der LPsychThK Berlin i. d. F. v. 13.09.2016	§ 5 Abs. 5 LBO: Psychotherapeutinnen und Psychotherapeuten erbringen psychotherapeutische Behandlungen in der Regel im unmittelbaren persönlichen Kontakt. Der Einsatz elektronischer Medien in der Psychotherapie ist zulässig, setzt aber die Beachtung besonderer Sorgfaltspflichten voraus. Diagnose, Indikation, Aufklärung und Einwilligung erfordern in aller Regel die Anwesenheit der Patientin oder des Patienten. Falls seitens der Patientin oder des Patienten kein persönlicher Kontakt möglich oder gewünscht ist, ist darüber aufzuklären, dass dann insbesondere eine umfassende Diagnostik nicht möglich ist.
BO der LPsychThK Hamburg i. d. F. v. 17.04.2012	§ 5 Abs. 6 LBO: Psychotherapeutinnen und Psychotherapeuten führen psychotherapeutische Behandlungen grundsätzlich im persönlichen Kontakt durch. Ausschließliche Fernbehandlungen, also Krankenbehandlungen, die ausschließlich brieflich, in Zeitungen oder Zeitschriften oder über elektronische Kommunikationsmedien und Computernetze durchgeführt werden, sind im Bereich der heilkundlichen Psychotherapie nicht zulässig. In jedem Fall gelten folgende Grundsätze: a. Diagnose, Indikation, Aufklärung und Einwilligung erfordern die Anwesenheit des Patienten b. Die Überwachung des Behandlungsprozesses erfordert regelmäßige persönliche Begegnungen, deren Intervalle und Dauer von der Psychotherapeutin/dem Psychotherapeuten fachlich zu gestalten und zu verantworten sind.
BO der LPsychThK Hessen i. d. F. v. 06.05.2017	§ 6 Abs. 2 LBO: Psychotherapeutinnen und Psychotherapeuten erbringen Behandlungen im persönlichen Kontakt. Sie dürfen diese weder ausschließlich brieflich noch in Zeitungen oder Zeitschriften noch ausschließlich über Kommunikationsmedien oder Kommunikationsnetze durchführen. Modellprojekte, insbesondere zur Forschung mit ausschließlich über Kommunikationsnetze durchgeführter Psychotherapie sind möglich und bedürfen der Genehmigung der Landeskammer im Einzelfall.
BO der LPsychThK Nordrhein-Westfalen i. d. F. v. 23.05.2014	§ 5 Abs. 1 S. 1 LBO: Psychotherapeutinnen und Psychotherapeuten behandeln persönlich und eigenverantwortlich. § 5 Abs. 5 LBO: Psychotherapien, die systematisch über elektronische Kommunikationsmedien erfolgen, bedürfen einer besonderen Beachtung der Sorgfaltspflichten und der übrigen Bestimmungen der Berufsordnung.

(Fortsetzung)

Tab. 2.3 (Fortsetzung)

BO der LPsychThK Rheinland-Pfalz i. d. F. v. 20.01.2016	§ 5 Abs. 5 LBO: Psychotherapeutinnen und Psychotherapeuten erbringen psychotherapeutische Behandlungen grundsätzlich im persönlichen Kontakt. Sie dürfen diese über elektronische Kommunikationsmedien nur unter Beachtung besonderer Sorgfaltspflichten, insbesondere von § 10 in entsprechender Anwendung, durchführen; hiervon ausgenommen sind Diagnose- und Indikationsstellung. Über verbleibende Sicherheitsrisiken im Rahmen der Nutzung von elektronischen Kommunikationsmedien ist gesondert in einer auf die Befindlichkeit und Aufnahmefähigkeit der Patientin oder des Patienten abgestimmten Form aufzuklären. Modellprojekte, insbesondere zur Forschung, in denen psychotherapeutische Behandlungen ausschließlich über Kommunikationsnetze durchgeführt werden, bedürfen der Genehmigung durch die Kammer und sind zu evaluieren.
BO der LPsychThK Schleswig-Holstein i. d. F. v. 02.11.2018	§ 10 Abs. 5 LBO: Psychotherapien, die über elektronische Kommunikationsmedien erfolgen, bedürfen einer besonderen Beachtung der geltenden Berufsordnung.

2.7 Fernbehandlung im Berufsrecht der Heilpraktiker

Heilpraktikern ist über § 1 Abs. 1 HPG nach der Erlaubniserteilung die selbstständige Heilkundeausübung ebenfalls gestattet. Sie sind aber nicht auf Basis der Landesheilberufsgesetze in Kammern organisiert.[48] Kodifiziertes Standesrecht existiert somit nicht.[49] Bei der sogenannten **Berufsordnung für Heilpraktiker** handelt es sich daher „nur" um eine von den verschiedenen Heilpraktikerverbänden und ihren freiwilligen Mitgliedern unter dem Dachverband „Deutscher Heilpraktikerverbände e. V." anerkannte **Verbandssatzung**.[50] Sie ist allenfalls als internes[51] Vereinsrecht für ihre Mitglieder verbindlich.[52] Dagegen genügt sie mangels gesetzgeberischer Umsetzung grundsätzlich nicht, um die **Berufsausübungsfreiheit** der

---

[48]Haage, Kommentar Heilpraktikergesetz, 2. Aufl. 2013, § 1, Rn. 27; zu einer möglichen Kammerstruktur *de lege ferenda* vgl. Sasse, GesR 2018, 279 (288).

[49]Fritzsche, in: Spickhoff (Hrsg.), Medizinrecht, 3. Aufl. 2018, § 9 HWG, Rn. 1; Sasse, GesR 2018, 279 (285).

[50]Ulusal, Recht in der Naturheilpraxis, 2011, S. 3.

[51]Haage, Kommentar Heilpraktikergesetz, 2. Aufl. 2013, § 1, Rn. 27.

[52]Vgl. dazu Doepner, GRUR 1981, 546 ff.

Heilpraktiker aus Art. 12 Abs. 1 S. 2 GG allgemeinverbindlich zu beschränken.[53] Das würde selbst dann gelten, wenn es sich bei dem Inhalt der BOH um die Kodifikation einer von der Mehrheit der Heilpraktiker getragenen und damit generellen **Standesauffassung** handeln würde.[54]

In Art. 2 Nr. 4 S. 1 BOH findet sich ein Verweis auf das auch für Heilpraktiker geltende Werbeverbot für Fernbehandlungen in § 9 HWG. Der nachfolgende Satz deutet „vorsichtig" an, dass sich bei der „Durchführung [... einer Fernbehandlung] ein Verstoß gegen die medizinische Sorgfaltspflicht ergeben" könnte. Generell ausgeschlossen ist sie damit jedoch nicht. Die BOH enthält zudem in Art. 2 Nr. 4 S. 3 eine **eigene Fernbehandlungsdefinition**. Diese liegt „u. a. dann vor, wenn Heilpraktiker den Kranken nie gesehen noch untersucht haben". Nach Art. 2 Nr. 4 S. 4 BOH wird es zudem als sorgfaltswidrig eingestuft, „Diagnosen zu stellen und Arzneimittel oder Heilverfahren zu empfehlen, wenn ausschließlich die Ergebnisse von eingesandtem Untersuchungsmaterial wie Blut, Urin oder andere Unterlagen zur Verfügung stehen". Der Wortlaut beider Vorschriften ist nicht erfüllt, wenn zumindest die Möglichkeit besteht, den Patienten in einer „Videosprechstunde" zu sehen und zu untersuchen.

Unabhängig von den genannten Regelungen können sich ungeschriebene, einheitliche und gefestigte Standesüberzeugungen der Heilpraktiker herausbilden, für die die BOH einen indiziellen[55] Charakter haben kann. Diese wären dann über das Verbot unlauterer geschäftlicher Handlungen nach § 1 S. 1 UWG justiziabel.[56]

2.8   Reichweite des Berufsrechts bei grenzüberschreitender Fernbehandlung in Europa

Durch den Verzicht auf die physische Präsenz des Behandlers am Ort des Patienten werden grenzüberschreitende Gesundheitsleistungen erheblich erleichtert. Sucht der Patient den Behandler an dessen Niederlassung (Praxis/Krankenhaus) auf, wird die heilkundliche Tätigkeit weiterhin am Ort der Zulassung

---

[53]Vgl. dazu BGH, Urt. v. 29.06.1989 – I ZR 166/87, NJW-RR 1989, 1385 (1386); BVerfG, Beschl. v. 14.07.1987 – 1 BvR 537/81, NJW 1988, 191 (192).

[54]Vgl. dazu BGH, Urt. v. 29.06.1989 – I ZR 166/87, NJW-RR 1989, 1385 (1386); BVerfG, Beschl. v. 14.07.1987 – 1 BvR 537/81, NJW 1988, 191 (192).

[55]BGH, Urt. v. 29.06.1989 – I ZR 166/87, NJW-RR 1989, 1385 (1386).

[56]So auch BGH, Urt. v. 29.06.1989 – I ZR 166/87, NJW-RR 1989, 1385 (1386).

bzw. Kammerzugehörigkeit erbracht. Für die Geltung berufsständischer Pflichten ergeben sich hier keine Änderungen. Die grundsätzliche Zulässigkeit einer geplanten Inanspruchnahme von Auslandsbehandlungen folgt innerhalb der EU (Art. 56 ff. **AEUV**) und des EWR (Art. 36 ff. **EWR-Abkommen**) unmittelbar aus der passiven **Dienstleistungsfreiheit**[57] und wird in der RL 2011/24/EU und in Art. 20 VO (EG) Nr. 883/2004 konkretisiert. In Deutschland finden sich in § 13 Abs. 4 und 5 SGB V korrespondierende Regelungen für die Kostenerstattung durch die GKV. Begibt sich der Behandler dagegen als Ausdruck aktiver Dienstleistungsfreiheit vorübergehend in den Aufenthaltsstaat des Patienten, so verlässt er zwar seinen Kammerbereich, wird dadurch aber trotzdem nicht von den berufsständischen Pflichten seiner eigenen Kammer befreit.[58] Das folgt unmittelbar aus der fortbestehenden Kammerzugehörigkeit, die regelmäßig in den Landesheilberufe(kammer)gesetzen und etwa in § 1 Abs. 1 Hs.1 MBO-Z als alleinige Bedingung für die Geltung der Berufsordnung geregelt ist. Gleiches gilt für Fernbehandlungen[59] als **Korrespondenzdienstleistungen**[60], bei denen Behandler und Patient an ihrem Niederlassung- bzw. Aufenthaltsort verbleiben und die Leistung über Fernkommunikationsmittel erbracht wird. Sie sind ebenfalls durch die Art. 56 ff. AEUV und Art. 36 ff. EWR-Abkommen geschützt.[61]

Einen größeren Begründungsaufwand verursacht dagegen die gleichzeitige bzw. zusätzliche Anwendung des am Tätigkeitsort geltenden Berufsrechts auf einen von außen kommenden Behandler. Europäische Vorgaben dazu finden sich in der auf Art. 62 i. V. m. 53 Abs. 1 AEUV beruhenden RL 2005/36/EG. Sie gilt nach ihrem Art. 2 Abs. 1 für alle Staatsangehörigen eines EU-Mitgliedstaats, die als Selbstständige oder abhängig Beschäftigte, einschließlich der Angehörigen freier Berufe, einen reglementierten Beruf in einem anderen Mitgliedstaat als dem, in dem sie ihre **Berufsqualifikationen** erworben haben, ausüben wollen. Ihr Anwendungsbereich erfasst dabei ausdrücklich auch Ärzte und Angehörige anderer Heilberufe. Nach Art. 5 Abs. 3 RL 2005/36/EG unterliegt der Behandler, der sich zur Berufsausübung in einen anderen Mitgliedstaat begibt, den berufsständischen, gesetzlichen oder verwaltungsrechtlichen Berufsregeln, die dort in unmittelbarem Zusammenhang mit den Berufsqualifikationen für Personen gelten, die denselben Beruf wie er ausüben,

---

[57]EuGH, Urt. v. 28.04.1998 – C-158/96, NZS 1998, 280 (282).

[58]A.A. Spickhoff, MedR 2018, 535 (537).

[59]So nur für Fernbehandlungen bei Fischer, in: Kern/Wadle/Schroeder/Katzenmeier (Hrsg.), FS-Laufs, 2006, S. 781 (790); Spickhoff, MedR 2018, 535 (539).

[60]Dierks/Kluckert, NZS 2017, 687 (690).

[61]Dierks/Kluckert, NZS 2017, 687 (690).

und den dort geltenden **Disziplinarbestimmungen (Bestimmungslandprinzip)**[62].
Der EuGH hat die Reichweite dieser Norm – übereinstimmend mit ihrem ErwG
8 – jedoch dahingehend eingeschränkt, dass „nur solche berufsständischen **Regeln**
erfasst werden, **die in unmittelbarem Zusammenhang mit der Ausübung der
ärztlichen Heilkunst selbst stehen und deren Nichtbeachtung den Schutz
des Patienten beeinträchtigt**"[63]. Dagegen seien z. B. „weder die Vorgaben für
die Honorarbemessung [§ 12 Abs. 1 MBO-Ä, § 15 Abs. 1 MBO-Z und § 14 Abs.
1 MBO-PsychTh] noch das Verbot berufswidriger Werbung durch Ärzte [… § 27
Abs. 3 MBO-Ä, § 21 Abs. 1 MBO-Z und § 23 Abs. 3 MBO-PsychTh] berufs-
ständische Regeln, die im Sinne von Art. 5 Abs. 3 der RL 2005/36 in unmittelbarem
und speziellem Zusammenhang mit den Berufsqualifikationen für den Zugang zu
dem betreffenden reglementierten Beruf stehen"[64].

Der Art. 5 Abs. 3 RL 2005/36/EG gestaltet die europäische Dienstleistungsfreiheit zur Wahrung von Mindeststandards und damit auch zum Schutz[65]
der Patienten aus. Die Richtlinie ist dabei nach ihrem ErwG 11 S. 1 von dem
Gedanken getragen, dass die Anforderungen an den ausländischen Dienstleister
letztlich die Qualität der im Inland erbrachten Dienstleistung sichern sollen. Es
ist somit davon auszugehen, dass auch bei **Korrespondenzdienstleistungen** in
Form von **Fernbehandlungen,** bei denen sich zwar die Leistung, nicht jedoch der
Behandler physisch zum Patienten „bewegt", ein „Begeben in einen anderen Mit-
gliedsstaat" i. S. v. Art. 5 Abs. 3 RL 2005/36/EG stattfindet. Von Teilen der Literatur wird dagegen eine Erstreckung des deutschen Berufsrechts auf im Ausland
niedergelassene Fernbehandler – unter anderem mit dem **Territorialitätsprinzip**
und dem damit verbundenen Argument fehlender **Zugriffsmacht** deutscher Heilberufskammern –[66] abgelehnt.[67] Allenfalls könne bei besonders gefährlichen
Fernbehandlungen der *ordre public* (Art. 21 Rom-I-VO und Art. 26 Rom-II-VO)
herangezogen werden.[68] Zwar ist nicht zu bestreiten, dass sich Standesordnungen

---

[62]Dierks/Kluckert, NZS 2017, 687 (690).

[63]EuGH, Urt. v. 12.09.2013 – C-475/11, DÖV 2013, 906; vgl. dazu Schmidt-Kessel, ecolex
2010, 320 (321); Handig, ecolex 2005, 958 (960 f.).

[64]EuGH, Urt. v. 12.09.2013 – C-475/11, DÖV 2013, 906.

[65]EuGH, Urt. v. 12.09.2013 – C-475/11, DÖV 2013, 906.

[66]Spickhoff, MedR 2018, 535 (537).

[67]So etwa Spickhoff, MedR 2018, 535 (539). Im Ergebnis ebenso Fischer, in: Kern/Wadle/
Schroeder/Katzenmeier (Hrsg.), FS-Laufs, 2006, S. 781 (790).

[68]Spickhoff, in: Spickhoff (Hrsg.), Medizinrecht, 3. Aufl. 2018, Rom-II-VO, Rn. 27.

als Binnenorganisationsrecht „grundsätzlich (nur) auf den Bereich der Mitglieder der jeweiligen Organisation"[69] erstrecken. Soweit allerdings das europäische Dienstleistungsrecht eine Öffnung des Kammerbereichs gegenüber externen Dienstleistern erzwingt, kann es auch die erweiterte Geltung des Kammerrechts gegenüber diesen Akteuren anordnen.[70] Eben diese Möglichkeit ist in Art. 5 Abs. 3 RL 2005/36/EG angelegt und wurde durch mehrere Landesheilberufe(kammer)gesetze[71] auch explizit aufgegriffen. Sie gilt daher auch für Fernbehandlungen. Nicht allein ausreichen dürfte dafür zwar das Argument[72] der primärrechtskonformen Auslegung des Dienstleistungsbegriffs im Titel II der RL 2005/36/EG, da zumindest die von Art. 56 ff. AEUV ebenfalls geschützte passive Dienstleistungsfreiheit auch nicht Gegenstand der Richtlinie ist. Ein starkes Gewicht ist aber ErwG 4 der Richtlinie beizumessen, der diese auch bei „**Dienstleistungen der Informationsgesellschaft,** die im Fernabsatz erbracht werden" ausdrücklich für anwendbar erklärt.[73] Außerdem betont ihr ErwG 6, dass bei „der Erbringung von Dienstleistungen [...] der öffentlichen Gesundheit und Sicherheit sowie dem Verbraucherschutz unbedingt Rechnung zu tragen" ist.

In der Literatur wird darauf hingewiesen, dass eine sehr extensive, grenzüberschreitende Erbringung von telemedizinischen Leistungen in einem anderen Land zu einer **faktischen Niederlassung** des Dienstleisters im Bestimmungsland ohne physische Präsenz führen könnte.[74] Für diese Sichtweise spricht zumindest die Heranziehung der Merkmale „vorübergehend" und „gelegentlich" aus Art. 5 Abs. 2 S. 2 RL 2005/36/EG zur Abgrenzung einer Dienstleistung von der Niederlassung.[75] Soweit von einer grundsätzlichen Anwendbarkeit der RL 2005/36/EG auf Korrespondenzdienstleistungen ausgegangen wird, kommt es aber zumindest für die Frage der Geltung des am Behandlungsort geltenden Berufsrechts für einen von außen kommenden Behandler nicht darauf an. Im Fall einer Dienstleistungserbringung ist diese auf Art. 5 Abs. 3 RL 2005/36/EG zu stützen, während sie bei einer Niederlassung unmittelbar aus dem Anwendungsbefehl der Landesheilberufe(kammer)gesetze und der darauf beruhenden LBOs folgt.

---

[69]Taupitz, Die Standesordnungen der freien Berufe, 1991, S. 1253.

[70]So bereits bei Taupitz, Die Standesordnungen der freien Berufe, 1991, S. 1258.

[71]So z. B. in § 4 Abs. 3 SächsHKaG.

[72]Dierks/Kluckert, NZS 2017, 687 (690).

[73]Ebenso Dierks/Kluckert, NZS 2017, 687 (690); Karl, MedR 2016, 675 (678).

[74]Dierks/Kluckert, NZS 2017, 687 (691).

[75]Dierks/Kluckert, NZS 2017, 687 (691).

Nicht abschließend geklärt ist für Fernbehandlungen zudem das **Verhältnis der RL 2005/36/EG zur RL 2000/31/EG.** Die Letztgenannte ordnet in ihrem Art. 3 Abs. 1 für Dienste der Informationsgesellschaft grundsätzlich das Recht des Niederlassungsortes des Dienstleisters („Herkunftslandprinzip") an. Zumindest der grundsätzliche Vorrang[76] von jüngeren Regelungen gegenüber älteren bei einem überlagerten Anwendungsbereich spricht aber für ein Übergewicht der RL 2005/36/EG in dieser Frage.[77] In ErwG 4 der RL 2005/36/EG wird zudem für Dienstleistungen der Informationsgesellschaft, die im Fernabsatz erbracht werden, von einem „Nebeneinander" beider Richtlinien ausgegangen. Es ist daher anzunehmen, dass Art. 5 Abs. 3 RL 2005/36/EG auch bei dieser Leistungsform grundsätzlich anwendbar ist. Darüber hinaus enthält die RL 2000/31/EG in ihrem Art. 3 Abs. 4 lit. a eine explizite Öffnungsklausel für mitgliedstaatliche Maßnahmen zum Schutz der öffentlichen Gesundheit und der Verbraucher. Außerdem stellt sie nach Art. 8 Abs. 1 die Ermöglichung beruflicher Kommunikation unter den Vorbehalt der Einhaltung von „berufsrechtlichen Regeln, insbesondere zur Wahrung von Unabhängigkeit, Würde und Ehre des Berufs, des Berufsgeheimnisses und eines lauteren Verhaltens gegenüber Kunden und Berufskollegen".[78] Zumindest auf diese beiden Regelungen können sich nationale Vorschriften stützen, die bei grenzüberschreitenden Gesundheitsdienstleistungen die Einhaltung eigener berufsständischer Vorgaben i. S. v. Art. 5 Abs. 3 RL 2005/36/EG anordnen. Ob einzelnen berufsrechtlichen Anforderungen in den Anwendungsbereich von Art. 5 Abs. 3 RL 2005/36/EG fallen und auch nicht durch das Herkunftslandprinzip der RL 2000/31/EG ausgehebelt werden, ist daher unter Beachtung von Art. 3 Abs. 4 lit. a und Art. 8 Abs. 1 RL 2000/31/EG und der vom EuGH entwickelten Grenzen individuell[79] zu beurteilen.

Aus der deutschen Perspektive sind hier die zulassungsrechtlichen §§ 2 Abs. 3 und 10b Abs. 1 BÄO, die §§ 1 Abs. 2 und 13a Abs. 1 ZHG und die §§ 1 Abs. 1a S. 1 und 9a PsychThG bedeutsam. Diese gestatten **Ärzten, Zahnärzten** sowie **Psychologischen Psychotherapeuten** und **Kinder- und Jugendlichenpsychotherapeuten,** die Angehörige eines EU- oder EWR-Mitgliedstaates sind, die **vorübergehende und gelegentliche Erbringung von Inlandsdienstleistungen**

---

[76]Für die Geltung dieses allgemeinen Prinzips auch im europäischen Recht vgl. Schmidt-Kessel, ecolex 2010, 320 (323).

[77]Hahn, MedR 2018, 384 (390).

[78]Vgl. dazu auch Kern, MedR 2001, 495 (497).

[79]So auch Spickhoff, MedR 2018, 535, 538, mit Zweifeln, dass ein Fernbehandlungsverbot diese Kriterien erfüllen würde.

i. S. v. Art. 56 ff. AEUV ohne deutsche Approbation oder Berufsausübungserlaubnis. Entsprechendes gilt für die Angehörigen von Vertragsstaaten, denen
Deutschland und die EG/EU vertraglich einen entsprechenden Rechtsanspruch
eingeräumt haben.

Bereits nach dem primärrechtlichen Art. 57 S. 3 AEUV ist zur Abgrenzung
der Dienstleistungs- von der Niederlassungsfreiheit insbesondere darauf abzu-
stellen, ob der Leistende seine Tätigkeit vorübergehend in dem anderen Mitgliedstaat ausübt. Dieser Vorgabe folgt das nationale Recht: Nach § 10b Abs.
3 BÄO, § 13 Abs. 1 S. 2 ZHG sowie § 9a Abs. 1 S. 2 und 3 PsychThG ist der
vorübergehende und gelegentliche Charakter der Erbringung einer Dienstleistung
einzelfallbezogen vorrangig nach ihrer Dauer, Häufigkeit, regelmäßigen Wieder-
kehr und Kontinuität zu beurteilen.[80] Nach § 10b Abs. 3 S. 1 und 2 BÄO bzw.
§ 13 Abs. 3 S. 1 und 2 ZHG sowie § 9c S. 1 und 2 PsychThG hat der Dienst-
leistungserbringer bei seiner Tätigkeit in Deutschland die **Rechte und Pflichten
eines Arztes, Zahnarztes** oder **Psychologischen Psychotherapeuten** und **Kin-
der- und Jugendlichenpsychotherapeuten.** Er kann den **berufsständischen,**
gesetzlichen oder verwaltungsrechtlichen **Berufsregeln** und den geltenden
Disziplinarbestimmungen unterworfen werden.

Durch das Berufsausübungsrecht wird diese Unterwerfung europäischer Dienst-
leistungserbringer unter die Standesregeln der Kammern in zwei unterschiedlichen
Formen umgesetzt. Ein Teil[81] der Landesheilberufe(kammer)gesetze erklärt die
gesetzlichen Berufspflichten und die LBOs der Kammern auf vorübergehend und
gelegentlich im gesetzlichen Geltungsbereich tätige Heilberufsträger – trotz ihrer
Befreiung von der Kammerpflichtmitgliedschaft nach Art. 6 S. 1 lit. a RL 2005/36/
EG – für entsprechend anwendbar. Ein nochmaliger Anwendungsbefehl in den
LBOs ist dann entbehrlich. Soweit diese – wie etwa die LBO der Ostdeutschen
Psychotherapeuten in ihrer Präambel – den **Anwendungsbereich auf Kammer-
mitglieder beschränken,** kann diese Satzungsregel gegen höherrangiges Recht der
jeweiligen Landesheilberufe(kammer)gesetze verstoßen. Die zweite Variante ist die
ausdrückliche Erstreckung der LBOs **auf europäische Dienstleister:** Nach § 2
Abs. 7 MBO-Ä haben „Ärztinnen und Ärzte, die in einem anderen Mitgliedstaat
der Europäischen Union niedergelassen sind oder dort ihre berufliche Tätigkeit
entfalten, [wenn sie] vorübergehend und gelegentlich im Geltungsbereich dieser
Berufsordnung grenzüberschreitend ärztlich tätig [sind], ohne eine Niederlassung

---

[80]So bereits EuGH, Urt. v. 30.11.1995 – C-55/94, NJW 1996, 579 (580).
[81]So z. B. in § 4 Abs. 3 SächsHKaG.

zu begründen, [...] die Vorschriften dieser Berufsordnung zu beachten." Ebenso gilt nach § 1 Abs. 1 MBO-Z „diese Berufsordnung [...] für alle vorübergehend und gelegentlich im Geltungsbereich dieser Berufsordnung zahnärztlich tätigen Berufsangehörigen und regelt deren Berufsrechte und -pflichten". Die dargestellten Einschränkungen von Art. 5 Abs. 3 RL 2005/36/EG durch die **Rechtsprechung des EuGH**[82] auf unmittelbar im Zusammenhang mit der Ausübung der ärztlichen Heilkunst stehende Regelungen, deren Nichtbeachtung den Schutz des Patienten gefährdet, sind auch hier zu berücksichtigen.[83]

---

[82]EuGH, Urt. v. 12.09.2013 – C-475/11, DÖV 2013, 906.
[83]Zu dieser Einschränkung vgl. Schmidt-Kessel, ecolex 2010, 320 (323).

Zivilrechtliche Aspekte 3

3.1 Vertragsschluss

Für den Vertragsschluss schafft die Fernbehandlung keine besonderen Herausforderungen. Wird nur die Behandlung über **Fernkommunikationsmittel** durchgeführt bzw. fortgesetzt, der Vertrag aber – etwa wegen der nach § 4 Abs. 2 der Anlage 31b zum BMV-Ä sowieso erforderlichen schriftlichen Einwilligung – zuvor in der Praxis geschlossen, ergeben sich ohnehin keine Besonderheiten. Möglich ist der Vertragsschluss aber auch, wenn überhaupt kein physischer Kontakt mit dem Patienten stattfindet, da der Behandlungsvertrag nach den §§ 630a ff. BGB **keiner besonderen Form** unterliegt.[1] Er kann also etwa auch fernmündlich in einem Video-Chat oder per E-Mail in Textform nach § 126b BGB geschlossen werden. Bei einer ausschließlichen Verwendung von Fernkommunikationsmitteln für die Vertragsverhandlung und den Vertragsschluss sind eigentlich die Voraussetzungen eines sogenannten **Fernabsatzvertrags** i. S. d. § 312c Abs. 1 BGB erfüllt.[2] In Umsetzung von Art. 3 Abs. 3 lit. b und ErwG 30[3] S. 4 der RL 2011/83/EU findet aber ein Großteil der darauf bezogenen Vorschriften (Minimalanwendung) – wie etwa die §§ 312 g Abs. 1, 355 (Widerrufsrecht), 356 BGB – nach § 312 Abs. 2 Nr. 7 BGB explizit keine Anwendung auf Behandlungsverträge nach den §§ 630a ff. BGB.[4]

---

[1]Lipp, in: Laufs/Katzenmeier/Lipp (Hrsg.), Arztrecht, 7. Aufl. 2015, Kap. III, Rn. 20; BT-Drs. 17/10488, 10.

[2]Scholz, in: Spickhoff (Hrsg.), Medizinrecht, 3. Aufl. 2018, 7 MBO-Ä, Rn. 15.

[3]Dazu OLG Karlsruhe, Urt. v. 09.02.2018 – 4 U 87/17, VuR 2018, 274 (278).

[4]Vgl. dazu BT-Drs. 17/12637, 47; kritisch dazu Kalb, GesR 2018, 481 (487); a. A. Kaeding, MedR 2019, 288 (289).

© Springer Fachmedien Wiesbaden GmbH, ein Teil von Springer Nature 2019
E. Hahn, *Telemedizin – Das Recht der Fernbehandlung,* essentials,
https://doi.org/10.1007/978-3-658-26737-7_3

In der vertragsärztlichen und vertragszahnärztlichen Versorgung sind aber wegen des grundsätzlich bestehenden **Sachleistungsprinzips** nach § 2 Abs. 2 S. 1 SGB V zusätzliche Besonderheiten für IGeL zu beachten. Nach den §§ 3 Abs. 1 S. 3 und 18 Abs. 8 S. 3 Nr. 1 BMV-Ä darf der Vertragsarzt für Leistungen außerhalb des Leistungskatalogs der vertragsärztlichen Versorgung nur dann eine Vergütung fordern, wenn er mit dem Patienten vor der Behandlung einen schriftlichen Behandlungsvertrag geschlossen und der Patient darin die eigene Kostenübernahme bestätigt hat. Eine vergleichbare Regelung findet sich für Vertragszahnärzte in § 8 Abs. 7 S. 3 BMV-Z.[5] Teilweise wird darin ein gesetzlich angeordneter (§ 126 Abs. 1 BGB) oder über die Parteien des BMV-Ä vertraglich[6] vereinbarter (§ 127 Abs. 1 BGB) **Schriftformzwang** gesehen, der bei einem Verstoß zur Nichtigkeit der formwidrigen Abrede nach § 125 BGB führen soll.[7] Die Vorgaben aus den beiden BMVs können jedoch mangels einer hinreichenden Ermächtigung in § 69 Abs. 1 S. 1 SGB V nicht die vertragliche Arzt-Patienten-Beziehung, sondern nur das Verhältnis der Leistungserbringer zur gesetzlichen Krankenversicherung regeln.[8] Ein Formverstoß führt hier daher nicht zur Nichtigkeit.[9] Unmittelbar gesetzliche Vorgaben existieren dagegen nur für Bereiche wie die Versorgung mit **Zahnfüllungen** (§ 28 Abs. S. 4 SGB V) und **Wahlleistungen im Krankenhaus** (§ 17 Abs. 2 S. 1 KHEntgG und § 16 S. 2 BPflV), für die zumindest die ausschließliche Fernbehandlung keine Bedeutung erlangen wird. Außerdem ist der Behandler sowohl nach § 630c Abs. 3 S. 1 BGB (Textform) als auch berufsrechtlich nach § 14 Abs. 4 S. 1 MBO-PsychTh (Textform) bzw. § 12 Abs. 5 MBO-Ä (Schriftform) zur Information des Patienten über erkennbar nicht von der gesetzlichen Krankenversicherung übernommene Kosten verpflichtet. Verstöße dagegen führen aber ebenfalls nicht zur Nichtigkeit der Abrede, sondern allenfalls zu einer berufsrechtlichen Sanktion oder zur Schadensersatzplicht.[10]

---

[5]Die Vereinbarung „soll" dort getroffen werden.

[6]So etwa LG Mannheim, Urt. v. 18.01.2008 – 1 S 99/07, VersR 2008, 823.

[7]Vgl. BSG, Urt. v. 15.04.1997 – 1 RK 4/96, NZS 1998, 27 (29); LSG Thüringen, Urt. v. 04.07.2017 – L 6 KR 1119/14; LG Mannheim, Urt. v. 18.01.2008 – 1 S 99/07, VersR 2008, 823; LG Paderborn, Urt. v. 28.08.2011 – 5 S 28/11.

[8]Katzenmeier, in: Bamberger/Roth/Hau/Poseck (Hrsg.), BeckOK-BGB, 48. Ed. v. 01.11.2017, § 630a, Rn. 45.

[9]Lipp, in: Laufs/Katzenmeier/Lipp (Hrsg.), Arztrecht, 7. Aufl. 2015, Kap. III, Rn. 20; LG Saarbrücken, Urt. v. 15.09.2005 – 16 S 11/04; LSG Brandenburg, Urt. v. 03.11.2004 – L 4 KR 45/03.

[10]Erb, Die Kodifikation des Behandlungsvertragsrechts im BGB, 2018, S. 226.

3.2 Sorgfalts- bzw. Haftungsmaßstab

Der Behandler schuldet nach § 630a Abs. 2 BGB eine Leistung nach den zum Zeitpunkt der Behandlung bestehenden, allgemein anerkannten fachlichen Standards. Damit soll nach der Vorstellung des Gesetzgebers die nach § 276 Abs. 2 BGB **im Verkehr erforderliche Sorgfalt** für die medizinische Versorgung konkretisiert werden.[11] Außerdem wird auch der Inhalt der **vertraglichen Pflichten** näher ausgestaltet.[12] Geschuldet ist eine Behandlung nach dem sogenannten **Facharztstandard**.[13] Das meint weder eine Standardbehandlung, die individuelle Umstände übergeht, noch die zwingende Ausführung durch einen Facharzt. Vielmehr wird auf den Umfang der zur vertragsgemäßen Behandlung erforderlichen Kenntnisse, Fertigkeiten und üblichen Entscheidungsmuster verwiesen, die denen eines durchschnittlichen Facharztes des betroffenen Gebietes entsprechen müssen.[14] Durch die Berücksichtigung des Behandlungszeitpunkts wird dem **dynamischen Charakter des Standards** Rechnung getragen, der sich stetig weiterentwickelt und daher für jede medizinische Maßnahme individuell zu bestimmen ist.[15] Eine nicht konsentierte Unterschreitung des Standards stellt in der Regel zugleich ein Behandlungsfehler dar,[16] der über die weiteren Voraussetzungen der §§ 280, 823 und 839 BGB zu einer Haftung des Behandlers führen kann. In § 630a Abs. 2 BGB ist zudem ausdrücklich die Möglichkeit angelegt, einen **vom Standard abweichenden Sorgfaltsmaßstab** zu vereinbaren. Das ist aber – ungeachtet des Selbstbestimmungsrechts des Patienten –[17] zumindest für eine Abstufung „nach unten" nicht uneingeschränkt möglich.[18] Eine Grenze ist dabei spätestens erreicht, wenn die Vereinbarung gegen zwingende Vorschriften (§ 276 Abs. 3 BGB, § 309 Nr. 7 BGB), Treu und Glauben (§ 242 BGB) bzw. ein gesetzliches Verbot (§ 134 BGB) verstößt oder als sittenwidrig[19] (§ 138 BGB, § 228 StGB) einzustufen ist.[20]

---

[11]BT-Drs. 17/10488, S. 19.

[12]Zur Notwendigkeit einer Unterscheidung vgl. Spickhoff, in: Spickhoff (Hrsg.), Medizinrecht, 3. Aufl. 2018, § 630a BGB, Rn. 37.

[13]Lipp, in: Laufs/Katzenmeier/Lipp (Hrsg.), Arztrecht, 7. Aufl. 2015, Kap. III, Rn. 34.

[14]Ulsenheimer, in: Laufs/Kern (Hrsg.), Handbuch des Arztrechts, 4. Aufl. 2010, § 139, Rn. 24.

[15]Spickhoff, in: Spickhoff (Hrsg.), Medizinrecht, 3. Aufl. 2018, § 630a BGB, Rn. 37.

[16]Kern, MedR 2001, 495 (497).

[17]Stellpflug, GesR 2019, 76 (79).

[18]Spickhoff, in: Spickhoff (Hrsg.), Medizinrecht, 3. Aufl. 2018, § 630a BGB, Rn. 37.

[19]Stellpflug, GesR 2019, 76 (79).

[20]Erb, Die Kodifikation des Behandlungsvertragsrechts im BGB, 2018, S. 161, 167.

Für die **Standardbestimmung bei der Fernbehandlung** sind drei Frage-stellungen zu unterscheiden: Zunächst ist festzustellen, ob eine (ausschließliche) Fernbehandlung überhaupt durchgeführt werden kann, ohne damit automatisch eine Standardunterschreitung zu indizieren. Wurde diese erste Hürde genommen, sind anschließend die notwendigen Anforderungen zu ermitteln, damit die Fern-behandlung der gebotenen ärztlichen Sorgfalt entspricht. Erst auf der letzten Ebene ist dann zu prüfen, ob sich die Fernbehandlung in bestimmten Szenarien bereits zu Methode der Wahl entwickelt hat, sodass ein Verzicht auf diese selbst eine **Standardunterschreitung** begründen könnte.

Bis zur Liberalisierung des Berufsrechts im Jahr 2018 bestand weithin die Auffassung, dass zumindest die ausschließliche Fernbehandlung – vorbehalt-lich besonderer Ausnahmesituationen wie etwa in Notfällen – zwangsläufig mit einer Unterschreitung des geschuldeten Standards verbunden sei.[21] Der § 7 Abs. 4 MBO-Ä a. F. wurde in diesem Zusammenhang als standardbestimmende Norm verstanden.[22] Für den Sonderfall der Beschränkung auf die telefonische Information eines Angehörigen hatte der BGH bereits im Jahr 1979 ausgeführt, dass es „zu den Aufgaben des Arztes [gehört], sich von den Leiden des Patienten ein eigenes Bild zu machen. […] Dazu ist, wenn der Patient nicht selbst in die Sprechstunde kommen kann, ein Hausbesuch jedenfalls dann erforderlich, wenn es sich offensichtlich um eine schwerere Erkrankung handelt."[23] Ebenfalls in die-sem Sinne hat etwa das OLG Koblenz noch im Jahr 2016 das Absehen des augen-ärztlichen Bereitschaftsdienst von einer persönlichen Untersuchung des Patienten und die damit verbundene Beschränkung auf telefonische Empfehlungen als **Befunderhebungsfehler** mit der Folge einer **Beweislastumkehr** zugunsten des Patienten eingestuft.[24] Dieser Grundsatz ist nun – trotz der Beschreibung des physischen Arzt-Patienten-Kontakts durch die Ärzteschaft als sogenannter „Goldstandard"[25] – nicht mehr unverändert aufrechtzuerhalten, schließlich wurde nicht nur das ursprüngliche „Verbot" in der MBO-Ä abgeschafft, son-dern zugleich die ausschließliche Fernbehandlung sogar ausdrücklich gestattet. Gleichzeitig kommt in den 2018er-Beschlüssen des DÄT und des DPsychThT sowie den umsetzenden LBO-Bestimmungen auch ein zumindest mehrheitlich getragener Konsens zum Ausdruck, dass ausschließliche Fernbehandlungen nicht

---

[21]Vgl. Kern, MedR 2001, 495 (497).

[22]Scholz, in: Spickhoff (Hrsg.), Medizinrecht, 3. Aufl. 2018, 7 MBO-Ä, Rn. 14.

[23]BGH, Urt. v. 20.02.1979 – VI ZR 48/78, NJW 1979, 1248 (1249).

[24]OLG Koblenz, Urt. v. 13.01.2016 – 5 U 290/15, MedR 2016, 893.

[25]121. DÄT, Protokoll I IV-01, S. 2; 120. DÄT, Protokoll II-29, II-23.

mehr *a priori* zu Verstößen gegen die geschuldete Sorgfalt führen müssen.[26] Der § 7 Abs. 4 S. 3 MBO-Ä n. F. verdeutlicht vielmehr, dass die erforderliche ärztliche Sorgfalt – im Sinne eines einzelfallbezogenen „Mindeststandards"[27] – insbesondere durch die Art und Weise der Befunderhebung, Beratung, Behandlung sowie Dokumentation gewahrt werden kann. Die haftungsrechtliche Rechtsprechung kann sich dieser berufsrechtlichen Entwicklung und dem Wandel der Fernbehandlung vom Brief über das Telefonat zum Video-Chat und anderen Formen nicht verschließen. Dabei kann zumindest das Argument einer mehrheitlich gewandelten Grundhaltung der Ärzteschaft auch auf jene Kammern übertragen werden, die § 7 Abs. 4 S. 3 MBO-Ä n. F. bisher nicht in ihren LBOs umgesetzt haben. Der Standard ist schließlich, unter Berücksichtigung struktureller Besonderheiten, nach dem Prinzip der Gruppenfahrlässigkeit **professionsweit** zu bestimmen.[28] Einen etwa allein in Brandenburg geltender Facharztstandard, der einer ausschließlichen Fernbehandlung dort generell entgegensteht, während diese in angrenzenden Gebieten zulässig ist, kann es nicht geben.

Zur Bestimmung der Grenzen einer standardgerecht ausgeführten ausschließlichen Fernbehandlung ist ebenfalls § 7 Abs. 4 S. 3 MBO-Ä heranzuziehen, der eine Entscheidung über die **ärztliche Vertretbarkeit im Einzelfall** verlangt.[29] Während der Einzelfallbezug eine Berücksichtigung aller **individuellen Umstände** fordert, die – wie etwa die gesundheitliche Situation des Patienten oder die apparative Ausstattung – für oder gegen eine Fernbehandlung sprechen können, handelt es sich bei der ärztlichen Vertretbarkeit um ein **objektives Kriterium**. Hier kann auf die zum Facharztstandard entwickelten Grundsätze zurückgegriffen werden.[30] Danach ist nach den Maßstäben eines für die konkrete Behandlung berufenen durchschnittlichen Facharztes anhand der ihm typisierend zur Verfügung stehenden Kenntnisse und Fähigkeiten zu entscheiden, ob ein physischer Arzt-Patienten-Kontakt in der konkreten Situation erforderlich ist und unter welchen Voraussetzungen darauf verzichtet werden kann.[31] Der Behandler hat dabei insbesondere die bei einer Fernbehandlung unvermeidbaren

---

[26]So auch Stellpflug, GesR 2019, 76 (77).

[27]Stellpflug, GesR 2019, 76 (77).

[28]Ulsenheimer, in: Laufs/Kern (Hrsg.), Handbuch des Arztrechts, 4. Aufl. 2010, § 139, Rn. 27.

[29]Ebenso für einen Gleichlauf von haftungsrechtlichem Standard und berufsrechtlicher Vertretbarkeit: Braun, MedR 2018, 563 (565).

[30]So auch Dierks, MedR 2016, 405 (407).

[31]Vgl. dazu auch Bergmann, MedR 2016, 497 (500).

„sensorische[n] Defizite zu bedenken und [zu entscheiden, ob diese] ggf. durch vorausschauendes Handeln zu kompensieren sind"[32].

Wie bei der ergänzenden sind auch bei der ausschließlichen Fernbehandlung spezifische Sorgfaltsanforderungen zu beachten, sodass sich ein **eigener Fernbehandlungsstandard** entwickeln wird oder partiell bereits entwickelt hat.[33] Sofern eine vom Patienten gewünschte (ausschließliche) Fernbehandlung nicht unter Wahrung des Facharztstandards durchgeführt werden kann, ist zudem an die Möglichkeit der abweichenden Vereinbarung nach § 630a Abs. 2 BGB zu denken.[34] Zwar kann der Patient die Ernsthaftigkeit seiner Erkrankung mangels medizinischer Kenntnisse regelmäßig nicht selbst einschätzen und der Arzt kann dessen Zustand gegebenenfalls telemedizinisch weniger sicher[35] bewerten. Andererseits wird dem Patienten als Ausdruck seiner **Autonomie** auch das „Recht" zugestanden, objektiv gebotene Arztbesuche vollständig zu unterlassen und sich dadurch selbst zu gefährden.[36] Eine „gerade noch so" akzeptable Fernbehandlung stellt dann gegebenenfalls das geringere Risiko dar. Entscheidend ist auch hier die medizinische Vertretbarkeit. In jedem Fall wird vom Behandler aber auch haftungsrechtlich zu verlangen sein, dass er den Patienten bei einer Indikation für einen physischen Arzt-Patienten-Kontakt zumindest intensiv über diesen Umstand aufklärt und über die mit einer Fernbehandlung (möglicherweise) verbundenen Risiken informiert. Allein die bloße Verabredung einer Fernbehandlung konsentiert aber nicht in jedem Fall eine damit verbundene Standardunterschreitung,[37] ihre Legitimation kann aber im Einzelfall als **konkludente Erklärung** darin enthalten sein.

Aufgrund der noch nicht lange zurückliegenden berufsrechtlichen Öffnung gegenüber der ausschließlichen Fernbehandlung ist aber zumindest davon auszugehen, dass sich diese bis auf wenige Ausnahmen[38] (noch) nicht zur **„Methode**

---

[32]Dierks, MedR 2016, 405 (408); ebenso BÄK, Hinweise v. 22.03.2019, S. 3.

[33]Zum eigenen Standard für telemedizinische Maßnahmen vgl. Bergmann, MedR 2016, 497 (500).

[34]Stellpflug, GesR 2019, 76 (79).

[35]Vgl. dazu Katzenmeier, MedR 2019, 259 (267); Stellpflug, GesR 2019, 76 (79).

[36]Dazu Hahn, MedR 2018, 384 (385); Vorberg/Kanschik, MedR 2016, 411 (414).

[37]So auch Katzenmeier, MedR 2019, 259 (268).

[38]Vgl. dazu Bergmann, MedR 2016, 497 (500).

der **Wahl"** oder zur „echten Alternative"[39] entwickelt hat. Der Verzicht darauf ist somit im Regelfall weder sorgfaltswidrig,[40] noch löst er gesteigerte Aufklärungspflichten über diese Behandlungsalternative aus.[41] Die Situation ist damit grundsätzlich anders gelagert als bei einer (nur) ergänzenden Fernbehandlung, die in bestimmten Situationen – etwa zur Ermöglichung einer frühzeitigen Diagnose – bereits heute obligatorisch sein kann, um die Anforderungen des § 630a Abs. 2 BGB zu erfüllen.[42] In Sonderfällen, wie bei der **funkärztlichen Beratung in der Seeschifffahrt** nach § 1 Nr. 7 SeeAufgG, in denen die ausschließliche Fernbehandlung bereits länger etabliert ist, kann bereits von der Herausbildung eines speziellen Standards ausgegangen werden.[43]

In haftungsrechtlicher Hinsicht ist außerdem zu beachten, dass die Eignung und die Funktionstüchtigkeit der bei einer Fernbehandlung genutzten technischen Geräte und der Einsatz von hinreichend geschultem Personal zu den regelmäßig nur vom Behandler, dafür aber von ihm zumeist voll beherrschbaren Umständen zählen.[44] Ein Mangel in diesem Bereich, der zur Verletzung des Lebens, des Körpers oder der Gesundheit des Patienten führt, begründet als sogenanntes „vollbeherrschbares Risiko" nach § 630h Abs. 1 BGB eine Beweislastumkehr. Ein Behandlungsfehler ist danach zu vermuten. In der Literatur wird überdies zu Recht auf die Gefahr hingewiesen, dass sich im Einzelfall bereits durch die Vornahme einer Fernbehandlung selbst ein vollbeherrschbares Risiko verwirklichen könnte. Das wäre der Fall, wenn bei einer Fernbehandlung die Alternative des physischen Kontakts zum Patienten bestand und sich ein auf die Fernkommunikation zurückzuführendes Verständnis- oder Wahrnehmungsdefizit schädigend ausgewirkt hat.[45]

3.3 Fernaufklärung und Aufklärung über Behandlungsalternativen

Nicht zuletzt wegen § 7 Abs. 4 S. 3 MBO-Ä ist bei der Fernbehandlung über die Besonderheiten der ausschließlichen Beratung und Behandlung über Kommunikationsmedien aufzuklären (dazu 2.2). Dieses Gebot überschneidet

---

[39]Zur Aufklärungspflicht über „echte Alternativen" vgl. KG, Urt. v. 13.03.2017 – 20 U 238/15.

[40]Vgl. dazu Greiner, in: Spickhoff (Hrsg.), Medizinrecht, 3. Aufl. 2018, 839 BGB, Rn. 18.

[41]Vgl. BGH, Urt. v. 28.02.1984 – VI ZR 106/82, NJW 1984, 1810f.

[42]Dierks, MedR 2016, 405 (408).

[43]Vertiefend dazu bei Bergmann, MedR 2016, 497 (500).

[44]Bergmann, MedR 2016, 497 (502); Stellpflug, GesR 2019, 76 (81).

[45]So auch bei Stellpflug, GesR 2019, 76 (81).

sich mit den zivilrechtlichen Vorgaben in § 630e Abs. 1 S. 1 und 2 BGB, der eine **Aufklärung** des Patienten **über sämtliche für die Einwilligung wesentlichen Umstände** verlangt. Beispielhaft werden Art, Umfang, Durchführung, zu erwartende Folgen und Risiken der Maßnahme sowie ihre Notwendigkeit, Dringlichkeit, Eignung und Erfolgsaussichten im Hinblick auf die Diagnose oder die Therapie genannt. Nach § 630e Abs. 1 S. 3 BGB ist zudem auf Alternativen zur Maßnahme hinzuweisen, wenn mehrere medizinisch gleichermaßen indizierte und übliche Methoden zu wesentlich unterschiedlichen Belastungen, Risiken oder Heilungschancen führen können.[46] Selbst wenn sich die ausschließliche Fernbehandlung für eine bestimmte Indikation als mögliche Standardmethode etablieren sollte, kann der Behandler danach weiterhin verpflichtet sein, auf die Alternative des klassischen Arzt-Patienten-Kontakts oder auf die Möglichkeit einer nur ergänzenden bzw. unterstützenden Fernbehandlung hinzuweisen. Aufgrund der momentan noch weithin fehlenden langfristigen Erfahrungen im Umgang mit der ausschließlichen Fernbehandlung können zudem die Grundsätze der Rechtsprechung zur sogenannten **Neulandmethode** herangezogen werden.[47] Danach muss der Patient auch „auf die Gefahr von Gesundheitsschäden hingewiesen […] werden, die als solche unvorhersehbar sind"[48]. Außerdem ist bei ihm „das Bewusstsein [zu schaffen], dass auch das Ausmaß grundsätzlich bekannter Risiken wegen der Neuheit des Verfahrens nicht zuverlässig eingeschätzt werden kann"[49].

Erfolgt der gesamte Arzt-Patienten-Kontakt über Fernkommunikationsmittel, betrifft das auch die ärztliche Aufklärung. Dass diese in Form einer **Fernaufklärung** zulässig ist, wird in § 7 Abs. 4 S. 3 MBO-Ä zwar nicht ausdrücklich angeordnet, von der Regelung aber zumindest vorausgesetzt.[50] Nach § 8 S. 2 MBO-Ä hat die Aufklärung im persönlichen Gespräch zu erfolgen. Zur Frage, ob dieser persönliche Charakter auch gewahrt wird, wenn der Arzt nicht beim Patienten physisch anwesend ist, schweigt die Vorschrift. Im Sinne der Einheitlichkeit der MBO-Ä ist aber davon auszugehen, dass die berufsrechtlich zulässige ausschließliche Fernbehandlung auch mit einer berufsrechtlich zulässigen Fernaufklärung (beides im

---

[46]Zur auch berufsrechtlichen Bedeutung der Aufklärung über Alternativen zur Fernbehandlung vgl. BÄK, Hinweise v. 22.03.2019, S. 4.

[47]Zu den Anforderungen vgl. Laufs/Kern, in: Laufs/Kern (Hrsg.), Handbuch des Arztrechts, 4. Aufl. 2010, § 97, Rn. 41 ff.

[48]OLG Hamm Beschl. v. 15.02.2016 – 3 U 59/15, MedR 2017, 812.

[49]OLG Hamm Beschl. v. 15.02.2016 – 3 U 59/15, MedR 2017, 812.

[50]So im Ergebnis auch Kaeding, MedR 2019, 288 (289); zurückhaltend (zur alten Rechtslage) von Pentz, MedR 2011, 222 (226).

Einzelfall) einhergehen kann.[51] Zur genau entgegengesetzten Annahme zwingt dagegen § 5 Abs. 5 S. 3 MBO-PsychTh n. F. (dazu 2.5).

Aus Sicht des Behandlungsvertragsrechts muss die Aufklärung nach § 630e Abs. 2 S. 1 Nr. 1 BGB mündlich erfolgen und kann sich dabei ergänzend auf Unterlagen in Textform beziehen. Mangels einer Legaldefinition der „Mündlichkeit" im BGB ist eine **„fernmündliche" Aufklärung** nicht zwingend ausgeschlossen. Das wird auch durch § 147 Abs. 1 S. 2 BGB bestätigt, der die fernmündliche Kommunikation „von Person zu Person" einem Gespräch unter Anwesenden gleichstellt. In der Gesetzesbegründung zu § 630e BGB wird – gestützt auf eine Entscheidung des BGH –[52] ebenfalls darauf hingewiesen, dass eine **Aufklärung zumindest in einfach gelagerten Fällen auch per Telefon** erfolgen könne.[53] Übertragen auf die Fernbehandlung bedeutet das, dass der Behandler nicht nur zu prüfen hat, ob in der konkreten Situation auf einen physischen Arzt-Patienten-Kontakt verzichtet werden kann, sondern auch, ob die Komplexität der erforderlichen Aufklärung das für eine fernmündliche Kommunikation vertretbare Maß überschreitet. Allein aus dem Umstand der Fernbehandlung kann das wegen § 7 Abs. 4 S. 3 MBO-Ä n. F. aber nicht (mehr) geschlossen werden.

Deutlich weniger Defizite gegenüber einer „herkömmlichen" Aufklärung bestehen zudem, wenn das Gespräch nicht per Telefon, sondern in einem **Video-Chat** geführt wird.[54] Hier kann der Behandler auch nonverbale Äußerungen des Patienten erkennen und berücksichtigen.[55] Eine Aufklärung ausschließlich über E-Mail-Kommunikation oder in einem Chat-Programm ohne sprachliche Unterstützung genügt diesen Anforderungen dagegen nicht.[56] Hier kommt allenfalls ein nach § 630e Abs. 3 BGB zwar grundsätzlich zulässiger, aber restriktiv zu handhabender,[57] Aufklärungsverzicht[58] in Betracht.

---

[51]Im Ergebnis wie hier Scholz, in: Spickhoff (Hrsg.), Medizinrecht, 3. Aufl. 2018, 7 MBO-Ä, Rn. 14.

[52]Vgl. BGH, NJW 2010, 2430 ff.

[53]BT-Drs. 17/10488, S. 24.

[54]Kaeding, MedR 2019, 288 (289); Reuter/Winkler, MedR 2014, 220 (225).

[55]Kaeding, MedR 2019, 288 (289); Reuter/Winkler, MedR 2014, 220 (225).

[56]Spickhoff, in: Spickhoff (Hrsg.), Medizinrecht, 3. Aufl. 2018, § 630e BGB, Rn. 3a; Stellpflug, GesR 2019, 76 (81); ebenso BÄK, Hinweise v. 22.03.2019, S. 4.

[57]Reuter/Winkler, MedR 2014, 220 (225).

[58]Dazu vertiefend bei Katzenmeier, in: Bamberger/Roth/Hau/Poseck (Hrsg.), BeckOK-BGB, 48. Ed. v. 01.11.2017, § 630e, Rn. 54.

3.4 Anwendbares Vertrags- und Deliktsrecht bei grenzüberschreitender Fernbehandlung

Bei einer grenzüberschreitenden Fernbehandlung ist das anwendbare Vertrags- und Deliktsrecht zu bestimmen. Dieses richtet sich aus der deutschen Perspektive als EU-Mitgliedstaat für vertragliche Schuldverhältnisse nach der VO (EG) Nr. 593/2008 (Rom-I-VO) und für außervertragliche Schuldverhältnisse nach der VO (EG) Nr. 864/2007 (Rom-II-VO).

Vertragsstatut

Bei einem grenzüberschreitenden Behandlungsvertrag ist nach Art. 4 Abs. 1 lit. b Rom-I-VO grundsätzlich das Recht des Staates anzuwenden, in dem der **Dienstleister** zum Zeitpunkt des Vertragsschlusses (Art. 19 Abs. 4 Rom-I-VO) seinen **gewöhnlichen Aufenthalt** hat. Dabei ist nach Art. 19 Abs. 1 Rom-I-VO beim Vertragsschluss mit einer natürlichen Person, die im Rahmen der Ausübung ihrer beruflichen Tätigkeit handelt, der Ort ihrer Hauptniederlassung und bei einem Vertrag mit einer Gesellschaft der Ort ihrer Hauptverwaltung gemeint. Ausnahmsweise kommt nach Art. 4 Abs. 3 Rom-I-VO auch die Anwendung des Rechts eines anderen Staates in Betracht, wenn der Vertrag zu diesem eine offensichtlich engere Verbindung aufweist.

Beim Behandlungsvertrag handelt es sich in der Regel jedoch um einen sogenannten **Verbrauchervertrag,**[59] den eine natürliche Person zu einem Zweck, der nicht ihrer beruflichen oder gewerblichen Tätigkeit zugerechnet werden kann (Patient = i.d.R **Verbraucher**), mit einer anderen Person abschließt, die in Ausübung ihrer beruflichen oder gewerblichen Tätigkeit handelt (**Unternehmer** = Behandelnder). Diese Verträge unterliegen nach Art. 6 Abs. 1 Rom-I-VO dem **Recht des Staates, in dem der Patient als Verbraucher seinen gewöhnlichen Aufenthalt hat,** wenn der Unternehmer seine berufliche oder gewerbliche Tätigkeit in diesem Staat **ausübt,** oder auf irgendeine Weise zumindest auch auf diesen Staat **ausrichtet** und der Vertrag in den Bereich dieser Tätigkeit fällt.

Bisher ist nicht abschließend geklärt, ob eine ausschließlich auf Fernkommunikationsmitteln beruhende (telemedizinische) Behandlung ein „Ausüben am Aufenthaltsort des Verbrauchers" darstellt.[60] Dafür könnte etwa der Gleichlauf mit den Erwägungen zum „Begeben in ein anderes Land" i. S. d. Art. 5 Abs. 3 RL

---

[59]Reisewitz, Rechtsfragen des Medizintourismus, 2015, S. 182; Spickhoff, MedR 2018, 535 (536); Wagner, Einflüsse der Dienstleistungsfreiheit auf das nationale und internationale Arzthaftungsrecht, 2008, S. 113.

[60]Eher ablehnend Fischer, MedR 2014, 712 (713).

2005/36/EG sprechen. In der weit überwiegenden Mehrzahl der Fälle kommt es darauf jedoch nicht an, da ein Ausüben in einem Staat bereits angenommen wird, wenn dort nur ein Teil der Gesamtbehandlung wie etwa die Vorbesprechung oder die Nachsorge erfolgt.[61] Bei grenzüberschreitenden Fernbehandlungen ist zudem regelmäßig (auch) die zweite Alternative des **„Ausrichtens auf den Aufenthalts- staat des Verbrauchers"** gegeben.[62] Ob der Behandler seine Tätigkeit i. d. S. ausgerichtet hat, ist einzelfallbezogen zu ermitteln. Dabei kann ein Katalog von Indizien aus der Rechtsprechung des EuGH herangezogen werden. Danach genügt zwar allein die Erreichbarkeit der Website eines Arztes aus dem Ausland noch nicht.[63] Treten aber noch weitere Merkmale hinzu, ist regelmäßig von einem „Ausrichten" i. S. v. Art. 6 Abs. 1 lit. b Rom-I-VO auszugehen.

Mögliche **Anhaltspunkte** sind:

- „internationale[r] Charakter der Tätigkeit"[64] z. B. durch „.com" als „Domänen- namen oberster Stufe"[65],
- „Angabe von Anfahrtsbeschreibungen von anderen Mitgliedstaaten aus zu dem Ort, an dem der Gewerbetreibende niedergelassen ist"[66],
- „Verwendung einer anderen [...] als der in dem Mitgliedstaat der Nieder- lassung des Gewerbetreibenden üblicherweise verwendeten Sprache oder Währung mit der Möglichkeit der Buchung und Buchungsbestätigung in die- ser anderen Sprache"[67],
- „Angabe von Telefonnummern mit internationaler Vorwahl"[68],
- „Tätigung von Ausgaben für einen Internetreferenzierungsdienst, um in ande- ren Mitgliedstaaten wohnhaften Verbrauchern den Zugang zur Website des Gewerbetreibenden oder seines Vermittlers zu erleichtern"[69],

---

[61]Reisewitz, Rechtsfragen des Medizintourismus, 2015, S. 51 und 182, Fn. 53.

[62]Ebenso Fischer, MedR 2014, 712 (713).

[63]So für die Parallelregelung in Art. 15 Abs. 1 lit. c Alt. 2 EuGVVO: EuGH, EuZW 2011, 98 (104).

[64]EuGH, Urt. v. 07.12.2010 – C-585/08, C-144/09, EuZW 2011, 98 (104).

[65]BGH, Urt. v. 09.02.2017 – IX ZR 67/16, MMR 2018, 95, (97), mit Verweis auf den EuGH.

[66]EuGH, Urt. v. 07.12.2010 – C-585/08, C-144/09, EuZW 2011, 98 (104).

[67]EuGH, Urt. v. 07.12.2010 – C-585/08, C-144/09, EuZW 2011, 98 (104).

[68]EuGH, Urt. v. 07.12.2010 – C-585/08, C-144/09, EuZW 2011, 98 (104).

[69]EuGH, Urt. v. 07.12.2010 – C-585/08, C-144/09, EuZW 2011, 98 (104).

- „Verwendung eines anderen Domänennamens oberster Stufe als desjenigen des Mitgliedstaats der Niederlassung des Gewerbetreibenden und die Erwähnung einer internationalen Kundschaft, die sich aus in verschiedenen Mitgliedstaaten wohnhaften Kunden zusammensetzt"[70],
- „Aufnahme von Fernkontakt"[71] (z. B. per Telefon und E-Mail),
- „Buchung eines Gegenstands oder einer Dienstleistung im Fernabsatz"[72],
- „Abschluss eines Verbrauchervertrags im Fernabsatz"[73]

Art. 6 Abs. 4 lit. a Rom-I-VO enthält eine **Rückausnahme,** nach der es bei der Grundregel aus Art. 4 Abs. 1 lit. b Rom-I-VO verbleibt, wenn die dem Verbraucher geschuldete Dienstleistung ausschließlich in einem anderen als dem Staat erbracht werden muss, in dem der Verbraucher seinen gewöhnlichen Aufenthalt hat. Das ist für grenzüberschreitende Fernbehandlungen aber regelmäßig ohne Bedeutung.[74]

Nach Art. 3 Abs. 1 Rom-I-VO und Art. 6 Abs. 2 S. 1 Rom-I-VO ist den Vertragsparteien eine **abweichende Wahl des anwendbaren Rechts** gestattet. Allgemeine Einschränkungen dieser Rechtswahlmöglichkeit finden sich in Art. 3 Abs. 3 Rom-I-VO, nach dem nicht von den zwingenden Bestimmungen eines Staates (**ius cogens**) abgewichen werden darf, wenn alle Elemente des Sachverhalts (z. B. Behandler, Patient und Behandlungsort) in diesem Staat belegen sind und dennoch das Recht eines anderen Staates gewählt wurde. Außerdem darf nach Art. 3 Abs. 4 Rom-I-VO bei der Wahl eines Drittstaatenrechts nicht von den zwingenden Bestimmungen des EU-Gemeinschaftsrechts abgewichen werden, wenn alle Elemente des Sachverhalts in einem oder mehreren EU-Mitgliedstaaten belegen sind. Für die bei Behandlungsverträgen regelhafte Unternehmer-Verbraucher-Situation ist zudem Art. 6 Abs. 2 S. 2 Rom-I-VO zu beachten, der in Form eines „**Günstigkeitsvergleichs**"[75] verhindert, dass dem Verbraucher durch die Rechtswahl die zwingenden Bestimmungen des ohne Rechtswahl

---

[70]EuGH, Urt. v. 07.12.2010 – C-585/08, C-144/09, EuZW 2011, 98 (104).

[71]EuGH, Urt. v. 17.10.2013 – C-218/12, EuZW 2013, 943 (944); Urt. v. 06.09.2012 – C-190/11, NJW 2012, 3225 (3227).

[72]EuGH, Urt. v. 06.09.2012 – C-190/11, NJW 2012, 3225 (3227).

[73]EuGH, Urt. v. 17.10.2013 – C-218/12, EuZW 2013, 943 (944); Urt. v. 06.09.2012 – C-190/11, NJW 2012, 3225 (3227).

[74]Nordmeier, GesR 2013, 513 (515); Reisewitz, Rechtsfragen des Medizintourismus, 2015, S. 183; Spickhoff, MedR 2018, 535 (536).

[75]Nordmeier, GesR 2013, 513 (515).

anzuwendenden Sachrechts entzogen werden. Die Rückausnahme des Art. 6 Abs. 4 lit. a Rom-I-VO gilt allerdings auch hier.[76]

Deliktsstatut

Das anwendbare Recht für deliktische Ansprüche richtet sich nach der Rom-II-VO. Wie die Rom-I-VO gestattet auch Art. 14 Abs. 1 Rom-II-VO grundsätzlich eine **Wahl des anwendbaren Rechts.** Diese ist aber entweder auf den Zeitraum nach Eintritt des schadensbegründenden Ereignisses (hier kaum praxisrelevant) oder auf Unternehmer-Unternehmer-Konstellationen beschränkt und hat daher für das Behandlungsverhältnis nur sehr geringe Bedeutung.[77] Nach der Grundanknüpfung in Art. 4 Abs. 1 Rom-II-VO folgt das anwendbare Recht regelmäßig dem **Verletzungserfolgsort,**[78] in dem der Schaden eintritt. Abweichend davon ist nach Art. 4 Abs. 2 Rom-II-VO der gemeinsame gewöhnliche Aufenthalt von Schädiger und Verletzter in demselben Staat maßgeblich. Besteht zwischen beiden eine vertragliche Beziehung – etwa in Form eines Behandlungsvertrags – wird dadurch nach Art. 4 Abs. 3 S. 2 Rom-II-VO regelmäßig eine **engere Verbindung zum Ort des Vertragsstatuts** begründet, dem das Deliktsstatut nach Art. 4 Abs. 3 S. 1 Rom-II-VO folgt. Auf diese Weise ist häufig ein **Gleichlauf** zwischen beiden Komplexen zu erreichen.

Sonderanknüpfungen

Bei einigen Fragestellungen des Medizinrechts, die auch im Zusammenhang mit einer Fernbehandlung bedeutsam werden können, folgt das anwendbare Sachrecht Sonderanknüpfungen.[79] Das gilt etwa für das **Beweisrecht** nach Art. 18 Rom-I-VO und Art. 22 Rom-II-VO sowie für die vom öffentlichen Interesse getragenen **Eingriffsnormen** nach Art. 9 Rom-I-VO und Art. 16 Rom-II-VO. Umstritten ist zudem die Einordnung von **Einwilligung und Einwilligungsfähigkeit.** Vertreten wird hier – auch unter Verweis auf den Ausschluss nach Art. 1 Abs. 2 lit. a Rom-I-VO (Handlungsfähigkeit) – sowohl eine originäre Anknüpfung an den Handlungsort bzw. das **Personalstatut** des Patienten nach Art. 7 Abs. 1 EGBGB als auch eine derivative Anknüpfung nach dem **Wirkstatut,** nach der sich diese Frage ebenfalls nach dem zuvor ermittelten

---

[76]In diesem Fall ist dann zusätzlich Art. 46b EGBGB zu beachten.

[77]Vgl. dazu Fischer, MedR 2014, 712 (714).

[78]Spickhoff, in: Spickhoff (Hrsg.), Medizinrecht, 3. Auflage 2018, Rom-II-VO, Rn. 18.

[79]Einzelheiten bei Spickhoff, in: Spickhoff (Hrsg.), Medizinrecht, 3. Auflage 2018, Rom-II-VO, Rn. 19 ff.

Vertrags- oder Deliktsstatut richtet.[80] Für die letztgenannte Variante spricht das in der Rom-I-VO und der Rom-II-VO verkörperte **„Prinzip der einheitlichen Anknüpfung"**[81]. Außerdem ist ergänzend das Haager Übereinkommen über den Schutz von Kindern heranzuziehen.[82] Nach dessen Art. 16 Abs. 1 und Art. 17 Abs. 1 richtet sich die Zuweisung oder das Erlöschen der elterlichen Verantwortung kraft Gesetzes ohne Einschreiten eines Gerichts oder einer Verwaltungsbehörde sowie die Ausübung der elterlichen Verantwortung nach dem Recht des Staates des gewöhnlichen Aufenthalts des Kindes.

---

[80]Dazu ausführlich bei Gleixner-Eberle, Die Einwilligung in die medizinische Behandlung Minderjähriger, 2014, S. 476 ff. m. w. N.

[81]Gleixner-Eberle, Die Einwilligung in die medizinische Behandlung Minderjähriger, 2014, S. 479; so auch Spickhoff, in: Spickhoff (Hrsg.), Medizinrecht, 3. Auflage 2018, Rom-II-VO, Rn. 21.

[82]Nordmeier, GesR 2013, 513 (520).

Arzneimittelrecht   4

4.1 Regelungen im Arzneimittelgesetz

Der 2016 eingeführte[1] § 48 Abs. 1 S. 2 AMG verbietet eine Abgabe von Arzneimitteln, die zur Anwendung bei Menschen bestimmt sind, wenn vor der ärztlichen oder zahnärztlichen Verschreibung offenkundig kein direkter Kontakt zwischen dem Arzt oder Zahnarzt und der Person, für die das Arzneimittel verschrieben wird, stattgefunden hat. Nach § 48 Abs. 1 S. 3 AMG darf davon nur in **begründeten Ausnahmefällen** abgewichen werden. Das Gesetz nennt hier das Regelbeispiel, dass der Patient dem Arzt aus einem **vorangegangenen direkten Kontakt** hinreichend bekannt ist und es sich lediglich um die **Wiederholung oder die Fortsetzung der Behandlung** handelt. Außerdem ist nach § 48 Abs. 1 S. 4 AMG die Abgabe durch Apotheken zur Ausstattung der Kauffahrteischiffe aufgrund seearbeitsrechtlicher Vorschriften privilegiert.

Der § 48 Abs. 1 S. 2 AMG soll klarstellen, „dass eine Abgabe von verschreibungspflichtigen Arzneimitteln grundsätzlich nicht erfolgen darf, wenn die Verschreibung offenkundig nicht nach einem direkten Arzt-Patienten-Kontakt ausgestellt wurde"[2]. Der Gesetzgeber beabsichtigte damit, das berufsrechtliche Verbot ausschließlicher Fernbehandlungen aus § 7 Abs. 4 MBO-Ä a. F. arzneimittelrechtlich zu flankieren.[3] Die auch als „**lex-DrEd**"[4] bezeichnete Regelung entstand dabei auch unter dem Eindruck von Fernbehandlungsangeboten aus dem

---

[1]BGBl. 2016 I, S. 3048.

[2]BT-Drs. 18/8034, S. 39.

[3]Vgl. BT-Drs. 18/8034, S. 39.

[4]Vorberg/Kanschik, MedR 2016, 411.

E. Hahn, *Telemedizin – Das Recht der Fernbehandlung*, essentials,
https://doi.org/10.1007/978-3-658-26737-7_4

europäischen Ausland, denen mit den Möglichkeiten des ärztlichen Berufsrechts zumindest faktisch kaum beizukommen war.[5] Die Vorschrift ist daher an den (in Deutschland) ansässigen Apotheker als letztes Glied in der „Vertriebskette" adressiert.[6] Das Verbot gilt ausschließlich für Arzneimittel und nicht für die Abgabe von Medizinprodukten nach MPG und MPAV.

Die Vorschrift weckt vielfältige Bedenken: Zum einem wurde in der Literatur mit guten Gründen die Vereinbarkeit des Verbots mit der Pflicht zur Anerkennung von in einem anderen EU-Mitgliedstaat ausgestellten Verschreibungen nach Art. 11 RL 2011/24/EU und damit deren Europarechtskonformität in Zweifel gezogen.[7] Zum anderen ist der Wortlaut der Norm gerade unter den Vorzeichen der in den letzten Jahren geführten Fernbehandlungsdebatte, die vielfach auch eine Begriffsdebatte war, viel zu unpräzise gefasst. Ein „direkter" Arzt-Patienten-Kontakt muss nicht unbedingt unter physischer Anwesenheit erfolgen. Erst durch die in der Gesetzesbegründung[8] verankerte Bezugnahme auf § 7 Abs. 4 MBO-Ä a. F. wird klar, dass die Abgabe nach einer ausschließlichen Fernbehandlung gemeint war. Letztlich ist der Tatbestand, der an eine **„Offenkundigkeit"** des fehlenden Arzt-Patienten-Kontakts für den Apotheker anknüpft, zudem kaum geeignet, um das anvisierte Ziel zu erreichen. Solange nicht etwa der Stempel auf dem Rezept den „Fernbehandler" verrät, ist für den Apotheker schließlich kaum zu erkennen, in welcher tatsächlichen Verbindung Behandler und Patient vor der Verschreibung gestanden haben.

Mit der Liberalisierung des Berufsrechts ist nun der ursprüngliche **Regelungszweck entfallen.** Es ist daher erforderlich, den bisherigen **Gleichlauf von Arzneimittel- und Berufsrecht** entweder durch ein extensives Verständnis des „Ausnahmefalls" in § 48 Abs. 1 S. 3 AMG oder durch eine teleologische Reduktion der Norm wieder herzustellen.[9] Dasselbe Ziel verfolgt momentan auch die Bundesregierung, die plant, § 48 Abs. 1 S. 2 und 3 AMG mit dem „Gesetz für mehr Sicherheit in der Arzneimittelversorgung" wieder vollständig zu streichen.[10]

Vgl. Hahn, MedR 2018, 384 (389 f.).

[6]Hahn, GesR 2018, 687 (688).

[7]Braun, MedR 2018, 563 (567); Kaeding, ZESAR 2017, 215 (220).

[8]BT-Drs. 18/8034, S. 39.

[9]Dazu bei Braun, MedR 2018, 563 (567 f.); Hahn, GesR 2018, 687 (689 ff.); a.A. zur aktuellen Rechtslage: BÄK, Hinweise v. 22.03.2019, S. 5.

[10]Vgl. BT-Drs. 19/8753, S. 9 und 47.

4.2 Arzneimittelverordnung im Vertrags(zahn) arztrecht

Im Vertragsarztrecht wird § 48 Abs. 1 S. 2 und 3 AMG durch § 15 Abs. 2 BMV-Ä ergänzt, der nicht an Apotheker, sondern an den verschreibungsberechtigten Behandler gerichtet ist. Danach „dürfen **Verordnungen vom Vertragsarzt** nur ausgestellt werden, wenn sich dieser persönlich von dem Krankheitszustand des Patienten überzeugt hat oder wenn ihm der Zustand aus der laufenden Behandlung bekannt ist". Wie nach § 48 Abs. 1 S. 3 AMG kann davon nur in (begründeten) Ausnahmefällen abgewichen werden. Weithin parallel gefasste Regelungen finden sich etwa in § 8 Abs. 2 der **Arzneimittelrichtlinie**[11] oder in Abschnitt C.I.2 der **Behandlungsrichtlinie** (Zahnärzte) des G-BA. Danach ist „eine Verordnung von Arzneimitteln [...] – von Ausnahmefällen abgesehen – nur zulässig, wenn sich [...] der behandelnde Arzt von dem Zustand [...] des Versicherten überzeugt hat oder wenn [...] der Zustand aus der laufenden Behandlung bekannt ist"[12]. Beide Regelungen müssten – unter anderem wegen der Gefahr von Regressen –[13] bei einer Neufassung von § 48 Abs. 1 AMG ebenfalls an das geänderte Berufsrecht angepasst werden.

---

[11]Ähnliches gilt nach § 3 Abs. 3 der Heilmittel-Richtlinie des G-BA; vgl. dazu die offene Formulierung bei BÄK, Hinweise v. 22.03.2019, S. 6.

[12]Für Zahnärzte offener gefasst: „soll nur verordnen".

[13]Vgl. dazu SG München, Urt. v. 15.05.2018 – S 28 KA 367/17.

Vertragsärztliche Versorgung und Vergütungsrecht

5

5.1 Erbringung und Vergütung von Videosprechstunden im System des SGB V

Seit 2016 können Videosprechstunden unter bestimmten Voraussetzungen im System der GKV vergütet werden. Nach § 87 Abs. 2a S. 17 und 18 SGB V a. F. hatte der BWA zu prüfen, inwieweit durch den Einsatz sicherer elektronischer Informations- und Kommunikationstechnologien **Videosprechstunden** telemedizinisch erbracht werden können. Auf dieser Grundlage wurden im EBM Vergütungsziffern für Videosprechstunden eingeführt. Außerdem mussten die KBV und der GKV-Spitzenverband nach § 291 g Abs. 4 SGB V a. F. eine Vereinbarung über technische Verfahren zur Videosprechstunde treffen. Beide Vorgaben wurden in der **Anlage 31b zum BMV-Ä** v. 01.10.2016 und ab dem 01.04.2017 in den beiden **EBM-Ziffern 01439** (Betreuung eines Patienten im Rahmen einer Videosprechstunde) und **01450** (Technikzuschlag) umgesetzt.

Zentrales Merkmal der Regelungen war der auf dem Gedanken von § 7 Abs. 4 MBO-Ä a. F. beruhende Ausschluss der Vergütungsfähigkeit von ausschließlichen Fernbehandlungen. Das folgt bereits aus der Definition einer Videosprechstunde in § 1 S. 2 der Anlage 31b BMV-Ä „als **synchrone Kommunikation zwischen einem Arzt und einem ihm bekannten Patienten** über die dem Patienten zur Verfügung stehende technische Ausstattung" und der Notwendigkeit einer vorherigen schriftlichen Einwilligung des Patienten nach § 4 Abs. 2 der Anlage 31b BMV-Ä. Die beiden EBM-Ziffern folgten ebenfalls dieser Grundhaltung, schließlich war es nach dem Beschluss des BWA v. 21.02.2017 erforderlich, dass „die **Verlaufskontrolle** in der Videosprechstunde im Rahmen einer Folgebegutachtung durch dieselbe Arztpraxis durchgeführt wurde, in der die Erstbegutachtung

© Springer Fachmedien Wiesbaden GmbH, ein Teil von Springer Nature 2019
E. Hahn, *Telemedizin – Das Recht der Fernbehandlung*, essentials,
https://doi.org/10.1007/978-3-658-26737-7_5

im persönlichen Arzt-Patienten-Kontakt erfolgt ist"[1]. Außerdem musste „in einem der beiden Quartale, die der Berechnung unmittelbar vorausgehen, ein persönlicher Arzt-Patienten-Kontakt in derselben Arztpraxis"[2] stattgefunden haben. Dabei setzte der persönliche Arzt-Patienten-Kontakt „die räumliche und zeitgleiche Anwesenheit von Arzt und Patient und die direkte Interaktion derselben voraus"[3]. Der BWA war zudem nach § 87 Abs. 2a S. 17 und 18 SGB V a. F. angehalten, „geeignete, zweckmäßige Krankheitsbilder und Fachgruppen"[4] im EBM festzulegen. Auf dieser Grundlage wurde die Videosprechstunde nur für ausgewählte Szenarien als vergütungsfähig anerkannt.

Durch die Novelle von § 87 Abs. 2a S. 17 SGB V zum 01.10.2019 wurde der BWA nun verpflichtet, mit Wirkung zum 01.04.2019 Videosprechstunden im EBM in einem weiten Umfang zu ermöglichen.[5] Gleichzeitig sollen die bisherigen Vorgaben von Krankheitsbildern entfallen. Dabei sind nach § 87 Abs. 2a S. 18 SGB V auch die Besonderheiten in der Versorgung von Pflegebedürftigen durch Zuschläge und die Besonderheiten in der psychotherapeutischen Versorgung zu berücksichtigen. Der EBM sollte sich damit für die **psychotherapeutische Videosprechstunde** öffnen und so die Entwicklung in der MBO-PsychThG aus dem Jahr 2018 nachvollziehen. Ein weiteres Anwendungsszenario für Videosprechstunden sah der Gesetzgeber im Ersatz ärztlicher Hausbesuche bei Pflegebedürftigen in Anwesenheit des Pflegepersonals. Wenn dabei oder im Rahmen der sogenannten „kooperativen und koordinierten ärztlichen und pflegerischen Versorgung"[6] eine **Fallkonferenz** durchgeführt wird, soll diese auch nach Videokontakt vergütungsfähig sein.[7] Die Änderung wird durch den § 119b Abs. 2b SGB V ergänzt. Danach können telemedizinische Dienste, insbesondere in Form von Videosprechstunden, bei der Zusammenarbeit zwischen den stationären Pflegeeinrichtungen und geeigneten vertragsärztlichen Leistungserbringern Verwendung finden.

Mit Beschluss vom 29.03.2019 ist der BWA diesen Vorgaben gefolgt. Er hat den begrenzten Kanon vergütungsfähiger Anwendungsfelder der Videosprechstunde

---

[1]BWA, Beschl. d. 389. Sitzung v. 21.02.2017, S. 3.
[2]BWA, Beschl. d. 389. Sitzung v. 21.02.2017, S. 3.
[3]BWA, Beschl. d. 389. Sitzung v. 21.02.2017, S. 1.
[4]BT-Drs. 18/6905, S. 66.
[5]Dazu ausführlich Hahn, NZS 2019, 253 ff.
[6]BT-Drs. 19/4453, S. 73.
[7]BT-Drs. 19/4453, S. 73.

gemeinsam mit der Notwendigkeit eines vorherigen (physischen) Arzt-Patienten-Kontakts aus den EBM-Ziffern 01439 und 01450 gestrichen.[8] Gleichzeitig wurde die **Videofallkonferenz** in die EBM-Ziffern 37120 und 37320 aufgenommen.[9] Den Partnern des BMV-Ä empfahl der BWA, den sich aus der berufsrechtlichen **Liberalisierung des Fernbehandlungsrechts** ergebenden Änderungsbedarf bis zum 30.09.2019 umzusetzen.[10] Bis zu diesem Zeitpunkt soll auch die noch ausstehende Berücksichtigung der Videosprechstunde im psychotherapeutischen Bereich im EBM erfolgen.

Neu ist auch die Öffnung gegenüber **vertragszahnärztlichen Videosprechstunden**. Nach § 87 Abs. 2k SGB V sind diese im BEMA für die Untersuchung und Behandlung von Versicherten nach § 87 Abs. 2i SGB V vorzusehen, an denen zahnärztliche Leistungen im Rahmen eines Vertrages nach § 119b Abs. 1 erbracht werden. Damit soll der Anwendungsbereich von § 87 Abs. 2k SGB V gegenüber der vertragsärztlichen Versorgung ausdrücklich auf die „aufsuchende[…] zahnärztliche[…] Versorgung von Pflegebedürftigen und Menschen mit Behinderungen sowie [… die] Versorgung von Heimbewohnern im Rahmen von Kooperationsverträgen"[11] beschränkt sein.[12] Wie im Vertragsarztrecht soll es aber auch im zahnärztlichen Bereich keine Begrenzung auf Bestandspatienten und ebenso keinen abschließenden Indikationskatalog geben.

Nach § 291a Abs. 5 SGB V sind die KZBV und der GKV-Spitzenverband verpflichtet, bis zum 30.09.2019 die technischen Verfahren zu Videosprechstunden gemäß § 87 Abs. 2k SGB V zu vereinbaren. Eine ausdrückliche Aufforderung, auch den bisherigen Inhalt der Anlage 31b zum BMV-Ä anzupassen, findet sich dort nicht. Es ist aber – nicht zuletzt wegen der expliziten Aufforderung durch den BWA –[13] zu erwarten, dass diese ebenfalls für Videosprechstunden in Form der ausschließlichen Fernbehandlung geöffnet wird.

---

[8]BWA, Beschl. d. 435. Sitzung v. 29.03.2019, S. 1.
[9]BWA, Beschl. d. 435. Sitzung v. 29.03.2019, S. 4.
[10]BWA, Beschl. d. 435. Sitzung v. 29.03.2019, S. 5.
[11]BT-Drs. 19/4453, S. 73.
[12]BT-Drs. 19/4453, S. 73.
[13]BWA, Beschl. d. 435. Sitzung v. 29.03.2019, S. 5.

5.2 Vergütung von Videosprechstunden nach der GOÄ/GOZ und Erstattung durch die PKV

Im Bereich der PKV und bei IGeL erfolgt die Vergütung ärztlicher Leistungen nach § 630a Abs. 2 BGB durch den Patienten nach den Regeln der GOÄ. Diese sieht in den Ziffern 1 und 3 des Leistungsverzeichnisses eine „Beratung – auch mittels Fernsprecher" vor und ist daher gegenüber telefonischen Fernbehandlungen offen. Auf eine Fernbehandlung per Internet dürften diese Ziffern (zumindest analog)[14] anzuwenden sein. Darüber hinaus kommt etwa die **Abrechnung einer symptombezogenen Untersuchung** nach Ziff. 5 in Betracht.[15] Diese fordert nach ihrem Wortlaut ebenfalls keinen physischen Arzt-Patienten-Kontakt und ist somit anwendbar, wenn eine Untersuchung *lege artis* auch aus der Ferne – etwa durch eine Foto- oder Videoübertragung – durchgeführt werden kann. Insgesamt ist aber zu beachten, dass nach § 2 Abs. 2 S. 1 GOÄ von den gesetzlichen Vorgaben nur durch eine schriftliche Vereinbarung abgewichen werden kann. Die Nr. 1 der GOZ verweist für die zahnärztliche Vergütung auf die Gebührenziffern 1 und 3 der GOÄ.

Die **Erstattungsfähigkeit** der vom Patienten getragenen Kosten **durch eine PKV** richtet sich grundsätzlich nach dem Versicherungsvertrag mit dem darin vereinbarten Leistungsumfang und den einbezogenen Musterbedingungen. Inzwischen haben mehrere deutsche PKVn auch die ausschließlich internetgestützte Fernbehandlung in ihren Leistungskatalog aufgenommen.[16] § 4 Abs. 2 S. 1 MB/KK 2009 begrenzt das Auswahlrecht des Versicherten aber auf niedergelassene Leistungserbringer.

---

[14]A.A. noch zur alten Rechtslage bei Kern, MedR 2001, 495 (498).

[15]Gabriel, zifferdrei 12/2018, 24.

[16]Vgl. http://tinyurl.com/y6joqdk5 (abgerufen am 06.03.2019).

Sonderfragen 6

6.1 Grundlagen des Rechts der Datenverarbeitung bei einer Fernbehandlung

Im Zusammenhang mit einer Fernbehandlung werden Daten des Patienten wie etwa Gesundheits- oder Abrechnungsdaten verarbeitet. Aus diesem Grund sind die Vorschriften der DSGVO und des BDSG n. F. zu beachten. Gesundheitsdaten unterliegen nach Art. 9 DSGVO einem besonderen Schutz. Ihre Verarbeitung ist für den Behandler jedoch regelmäßig bereits aufgrund von Art. 9 Abs. 2 lit. h bzw. lit. i und Abs. 3 DSGVO zulässig, schließlich sind Ärzte, Zahnärzte und Psychotherapeuten als Angehörige eines Gesundheitsberufs **Berufsgeheimnisträger** und verarbeiten die Daten

- für **Zwecke der Gesundheitsvorsorge** oder der Arbeitsmedizin,
- für die Beurteilung der Arbeitsfähigkeit des Beschäftigten,
- für die medizinische Diagnostik,
- für die Versorgung oder Behandlung im Gesundheits- oder Sozialbereich,
- für die Verwaltung von Systemen und Diensten im Gesundheits- oder Sozialbereich oder
- zur Erfüllung spezieller Pflichten im öffentlichen Gesundheitsinteresse.

Eine **Einwilligung** des Betroffenen ist daher in diesen Fällen **grundsätzlich nicht erforderlich.**[1] Sie wird aber derzeit nach § 4 Abs. 2 der Anlage

---

[1]Wolf, GuP 2018, 129 (130). Sie ist aber ergänzend möglich Kuhn/Heinz, GesR 2018, 691 (696).

31b zum BMV-Ä für die Durchführung von vergütungsfähigen Videosprechstunden explizit verlangt. Dort wird auch die Empfehlung ausgesprochen, sich
zur Erfüllung der datenschutzrechtlichen Anforderungen an dem gemeinsamen
Positionspapier der BÄK und KBV „**zur ärztlichen Schweigepflicht, Datenschutz und Datenverarbeitung in der Arztpraxis**"[2] zu orientieren. Ergänzend
sind die Anforderungen von § 22 BDSG n. F. zu berücksichtigen. Die Legitimation für die eigene Datenverwendung zur Realisierung von Honorarforderungen
findet sich in Art. 9 Abs. 2 lit. f DSGVO (Verarbeitung zur Geltendmachung von
Rechtsansprüchen), während etwa für die Weitergabe an Verrechnungsstellen
regelmäßig eine Einwilligung nach Art. 9 Abs. 2 lit. a DSGVO erforderlich[3] ist.
Außerdem sind die besonderen Bedingungen für die Einwilligung eines Kindes in
Bezug auf Dienste der Informationsgesellschaft nach Art. 8 DSGVO zu beachten.

Wird das Fernbehandlungsangebot über eine **Plattform** vermittelt, unterliegt
auch deren Betreiber den datenschutzrechtlichen Anforderungen der DSGVO.
Soweit dieser i. S. v. Art. 4 Nr. 7 DSGVO über die Zwecke und Mittel der Ver-
arbeitung personenbezogener Daten mitentscheidet und damit Einfluss auf den
Datenverarbeitungsprozess hat, ist er nicht „nur" als Auftragsdatenverarbeiter zu
qualifizieren, sondern **gemeinsam mit dem Behandler verantwortlich** i. S. v.
Art. 26 DSGVO.[4] Diese Einordnung führt zur Notwendigkeit einer eigenständigen
Rechtsgrundlage für seine Verarbeitung von Vertrags- und Abrechnungsdaten
(i.d.R. nicht Gesundheitsdaten). Sie erfolgt im Gegensatz zum Behandler nicht zum
Zweck der Gesundheitsversorgung, sondern – soweit erforderlich – zur **Vertrags-
erfüllung** nach Art. 6 Abs. 1 lit. b DSGVO und im Übrigen regelmäßig aufgrund
einer **Einwilligung** nach Art. 6 Abs. 1 lit. a DSGVO.[5]

Bei der Fernbehandlung stehen dem Patienten ebenfalls die **Betroffenen-
rechte** (etwa nach Art. 13 DSGVO – Information über die Datenerhebung und
Art. 15 DSGVO – Auskunftsrecht) zu. Das Recht auf Datenportabilität aus Art.
20 DSGVO besteht allerdings für die vom Behandler auf der Grundlage von Art.
9 Abs. 2 lit. h und i DSGVO verarbeiteten Daten nicht.[6] Darüber hinaus ist bei

---

[2]BÄK & KBV, Hinweise und Empfehlungen zur ärztlichen Schweigepflicht, Datenschutz
und Datenverarbeitung in der Arztpraxis, Dtsch Arztebl 2018; 115(10): A-453 (A8).
[3]BÄK & KBV, Hinweise und Empfehlungen zur ärztlichen Schweigepflicht, Datenschutz
und Datenverarbeitung in der Arztpraxis, Dtsch Arztebl 2018; 115(10): A-453 (A8).
[4]Vertieft dazu bei Wolf, GuP 2018, 129 (130); ebenso wie hier Kuhn/Heinz, GesR 2018,
691 (697).
[5]Wolf, GuP 2018, 129 (130).
[6]Kuhn/Heinz, GesR 2018, 691 (697); Wolf, GuP 2018, 129 (130).

Fernbehandlungsangeboten grundsätzlich eine **Datenschutz-Folgenabschätzung** nach Art. 35 DSGVO erforderlich. Zwar soll eine umfangreiche Verarbeitung besonderer Kategorien von personenbezogenen Daten i. S. v. Art. 9 Abs. 1 DSGVO nach ErwG 91 S. 4 nicht vorliegen „wenn die Verarbeitung personenbezogene[r] Daten von Patienten [...] durch einen einzelnen Arzt [...] erfolgt". Auf der Grundlage von Art. 35 Abs. 4 DSGVO hat die Aufsichtsbehörde aber eine Liste von Verarbeitungsvorgängen zu erstellen, für die eine Datenschutz-Folgenabschätzung nach Art. 35 Abs. 1 DSGVO durchzuführen ist. Diese Liste der DSK i. d. F. v. 17.10.2018 sieht unter Ziff. 16 den „Einsatz von Telemedizin-Lösungen zur detaillierten Bearbeitung von Krankheitsdaten" explizit als Anwendungsfall vor.[7]

6.2 Verbot der Werbung für Fernbehandlungen

Trotz der Öffnung des Heilberufsrechts gegenüber der ausschließlichen Fernbehandlung und der parallel verlaufenden Entwicklung im vertragsärztlichen Vergütungsrecht und im Arzneimittelrecht ist die **Werbung** für eine (ausschließliche)[8] Fernbehandlung nach § 9 HWG *prima facie* nach wie vor verboten und gemäß § 15 Abs. 1 Nr. 6 HWG als **Ordnungswidrigkeit** qualifiziert. Die Norm hat zudem auch eine wettbewerbsrechtliche Bedeutung.[9] Eine Parallelregelung findet sich in Art. 2 Nr. 4 S. 1 der BOH für Heilpraktiker. Diese Rechtslage ist widersprüchlich und bedarf – zumindest zur Klarstellung für den Rechtsanwender – einer Harmonisierung. Sie stellt den Anbieter von Fernbehandlungsleistungen schließlich vor das (vermeintliche) Dilemma, dass diese zwar an sich erlaubt sind, aber nicht beworben werden dürfen.

Um auch nach geltendem Recht einen Gleichlauf des HWG mit dem Berufsrecht zu erreichen, sind mehrere Wege denkbar: Zum einen ließe sich das Werbeverbot auf berufsrechtlich nicht erlaubte Formen der Fernbehandlung **reduzieren.**[10] Zum anderen könnte auf die Rechtsprechung des BVerfG verwiesen werden. Dieses hat für die **Verfassungsmäßigkeit der Werbebote des HWG** wegen der nur eingeschränkt bestehenden Bundeskompetenz in Art. 74

---

[7]DSK, Liste von Verarbeitungstätigkeiten mit obligatorischer Datenschutz-Folgeabschätzung v. 17.10.2018.

[8]Gruner, GesR 2017, 288 (289).

[9]Dazu Kalb, GesR 2018, 481 (486).

[10]Braun, MedR 2018, 563 (566); Hahn, MedR 2018, 384 (389); a. A. Kuhn/Heinz, GesR 2018, 691 (693).

Abs. 1 Nr. 19 GG den Vorbehalt angedeutet, dass „dem Heilmittelwerbegesetz
[…] im Bereich der Selbstdarstellung der Ärzte keine eigenständige Bedeutung
beigemessen"[11] werden darf, da „den Angehörigen freier Berufe [wegen Art.
12 Abs. 1 GG] nicht jede, sondern lediglich die berufswidrige Werbung verboten ist"[12]. Gerade diese Berufswidrigkeit ist wegen der Öffnung der Berufsordnungen für ausschließliche Fernbehandlungen aber nicht mehr in jedem Fall
gegeben. Zumindest in tatsächlicher Hinsicht ist die Sanktionsandrohung aber
jedenfalls geeignet, die Entwicklung des gesamten Fernbehandlungsbereichs aus-
zubremsen.[13] Das gilt umso mehr, als sich etwa Versicherungsunternehmen[14] oder
Plattformbetreiber nicht unmittelbar auf einen etwaigen Vorrang des Berufsrechts
stützen können.[15]

6.3 Arbeitsunfähigkeitsbescheinigung nach ausschließlicher Fernuntersuchung

Umstritten ist derzeit, ob nach einer ausschließlichen Fernuntersuchung auch
Arbeitsunfähigkeitsbescheinigungen ausgestellt werden dürfen. Die arbeitsrecht-
lichen Regelungen in § 5 Abs. 1 S. 2 EFZG enthalten dazu keine in formeller
Hinsicht entgegenstehenden Anforderungen.[16] Der gleiche Befund gilt für die
beamtenrechtlichen Parallelregelungen der Länder und des Bundes.[17] Das BAG
hatte zwar bereits 1976 entschieden, dass „der Beweiswert der […] Arbeitsunfähigkeitsbescheinigung […] dadurch beeinträchtigt [wird], daß der Arzt […]
[den Patienten] nicht vor der Ausstellung der Bescheinigung untersucht hat, den
Befund also nicht selbst erhoben hat."[18] Allerdings wird bei der Fernbehandlung
nicht auf die Untersuchung verzichtet, sondern diese – soweit möglich – über

---

[11]BVerfG, Beschl. v. 30.04.2004 – 1 BvR 2334/03, NJW 2004, 2660 f.
[12]BVerfG, Beschl. v. 30.04.2004 – 1 BvR 2334/03, NJW 2004, 2660, 2661. Dazu auch
Braun, MedR 2018, 563 (566).
[13]Hahn, MedR 2018, 384 (389); Hötzel, ZMGR 2018, 16 (19).
[14]Vgl. dazu Kalb, GesR 2018, 481 (485 f.).
[15]Vgl. dazu ein beim LG München anhängiges wettbewerbsrechtliches Verfahren gegen ein
Versicherungsunternehmen (F 4 0497/17).
[16]Heider, NZS 2019, 288 (289).
[17]Hahn, ZMGR 2018, 279 (280).
[18]BAG, Urt. v. 11.08.1976 – 5 AZR 422/75, NJW 1977, 350 (351 f.).

Fernkommunikationsmittel durchgeführt.[19] Die Grenze des „medizinisch Vertretbaren" ist dabei berufsrechtlich ohnehin zu beachten.

Für das Recht der privaten Krankenversicherung verlangt § 4 Abs. 7 S. 1 MB/KT einen Nachweis von „Eintritt und Dauer der Arbeitsunfähigkeit […] durch Bescheinigung des behandelnden Arztes oder Zahnarztes". Ebenso muss nach § 1 Abs. 4 S. 1 AVB/BT die „Arbeitsunfähigkeit ärztlich festgestellt" werden. Beide Regelungen stehen einer Ausstellung der AU-Bescheinigung nach Fernuntersuchung nicht zwingend entgegen. Vermeintlich restriktivere Vorgaben enthält das Vertragsarztrecht: Nach § 31 S. 1 BMV-Ä und § 15 S. 1 BMV-Z dürfen „die **Beurteilung der Arbeitsunfähigkeit und ihrer voraussichtlichen Dauer sowie die Ausstellung der Bescheinigung** […] nur aufgrund einer ärztlichen [bzw. zahnärztlichen] Untersuchung erfolgen". Beide Regelungen verweisen zudem auf die Arbeitsunfähigkeitsrichtlinie des G-BA (AU-RL) nach § 92 Abs. 1 S. 2 Nr. 7 SGB V. Nach deren § 4 Abs. 2 S. 2 darf eine AU-Feststellung nur auf der Basis einer ärztlichen Untersuchung erfolgen, die den körperlichen, geistigen und seelischen Gesundheitszustand des Versicherten gleichermaßen berücksichtigt. Mit Öffnung des Berufsrechts gegenüber der ausschließlichen Fernbehandlung muss die nach der AU-RL geforderte „ärztliche Untersuchung", soweit dieses berufsrechtlich unter Beachtung der gebotenen Sorgfalt im Einzelfall vertretbar ist, auch im Wege der Fernbehandlung möglich sein.[20] Das gilt auch für die von § 2 Abs. 5 S. 2 AU-RL geforderten Fragen zur aktuell ausgeübten Tätigkeit und den damit verbundenen Anforderungen und Belastungen, die im Einzelfall ebenfalls über **Fernkommunikationsmittel** erfolgen können. Anderenfalls würde eine Fernkommunikation nach § 7 Abs. 4 S. 3 MBO-Ä unter therapeutischen Gesichtspunkten im Einzelfall eine hinreichende Gewähr für eine Entscheidung des Behandlers bieten, während dieselbe für eine AU-Feststellung als nicht hinreichend valide gelten würde.[21] Das wäre widersprüchlich.[22] Bei Zweifeln an der Arbeitsunfähigkeit hat der Behandler außerdem die Möglichkeit, den Patienten vor einer Entscheidung auf einen Praxisbesuch zu verweisen.

---

[19]Heider, NZS 2019, 288 (289).

[20]Braun, GesR 2018, 409 (412); zurückhaltende Ablehnung („ist davon auszugehen"): BÄK, Hinweise v. 22.03.2019, S. 6.

[21]Dazu bei Hahn, ZMGR 2018, 279 (283).

[22]A. A. Heider, NZS 2019, 288 (290), mit Verweis auf die in § 1 Abs. 1 AU-RL geforderte „besondere Sorgfalt".

Fazit und weitere Entwicklung 7

In den vergangenen zwei Jahren war das Recht der Telemedizin einem Entwicklungsschub ausgesetzt, der die Vorzeichen von der überwiegenden Ablehnung der ausschließlichen Fernbehandlung zur weitgehenden Akzeptanz geradezu umgekehrt hat. Der Spruch „durchs Telefon und durch die Hose, stellt man keine Diagnose" hat zumindest in seiner uneingeschränkten Form ausgedient. Der größte Meilenstein auf diesem Weg war die Liberalisierung der MBO-Ä im Mai 2018, die in dieser Frage als Richtmaß für andere Bereiche des Medizinrechts galt und auch in Zukunft gelten wird. Der Umbruch hat zwar inzwischen auch das Vertragsarzt- und Vergütungsrecht erreicht, ist aber noch lange nicht abgeschlossen. Kurzfristig stehen hier Änderungen im Arzneimittelrecht an, zumindest langfristig sind sie auch im Heilmittelwerberecht zu erwarten. Trotz anfänglicher Widerstände ist davon auszugehen, dass letztlich alle LÄK § 7 Abs. 4 MBO-Ä n. F. folgen werden, um im nationalen Wettbewerb um Fachkräfte, Unternehmensansiedlungen und (vereinzelt) auch Patienten zu bestehen. Für Onlineangebote gibt es schließlich keine Grenzen. Außerdem werden sich die zwischen den Berufsgruppen bestehenden Unterschiede im Umgang mit der Fernbehandlung durch wechselseitige Beeinflussung zunehmend nivellieren. Erstes Anzeichen dafür ist die im Dezember 2018 erfolgte Änderung der MBO-PsychTh in Reaktion auf die vorangegangene Entwicklung im ärztlichen Bereich.

Trotz aller Begeisterung für die Möglichkeiten der Fernbehandlung bleibt die medizinische Versorgung aber auch weiterhin zum großen Teil von einem physischen Kontakt zwischen Behandler und Patient abhängig. Der überwiegende Teil der Diagnoseverfahren und Therapieformen lässt sich nur direkt am Patienten durchführen und ist nicht entmaterialisiert über das Internet zu erbringen. Neben vereinzelten Screening- und Überwachungsverfahren wird es daher auch in Zukunft vorrangig die Beratung sein, die in geeigneten Fällen in das Internet

E. Hahn, *Telemedizin – Das Recht der Fernbehandlung*, essentials,
https://doi.org/10.1007/978-3-658-26737-7_7

verlagert wird. Das kann auch die Empfehlung sein, im konkreten Fall doch die Praxis aufzusuchen. Neben diesen tatsächlichen Grenzen muss die Gesellschaft und damit auch der Gesetzgeber die Frage beantworten, welche normativen Grenzen der Fernbehandlung gesetzt werden sollen. Ist es wirklich wünschenswert, wenn Krankschreibungen uneingeschränkt ohne physischen Kontakt ausgestellt werden können? Ist die Onlinekrankschreibung andererseits generell zu verhindern? Bis zu welcher Grenze und unter welchen Voraussetzungen gestattet das Recht dem Arzt – durch die Fernbehandlung – eine Mitwirkung am selbstgefährdenden Verzicht des Patienten auf einen Praxisbesuch, obwohl dieser im konkrete Fall angezeigt wäre? Darüber hinaus wird sich das Recht der großen Herausforderung stellen müssen, dass zunehmend internationale Akteure und nicht den klassischen Heilberufen zuzurechnende Anbieter in den Gesundheitsmarkt drängen. Die Qualität der Behandlung und der Gesundheitsschutz des Patienten müssen hier oberstes Richtmaß der Gesetzgebung bleiben, ohne sich dadurch Innovationen gänzlich zu verschließen. Es ist kaum zu erwarten, dass die Entwicklungsgeschwindigkeit im Bereich der Fernbehandlung in den kommenden Jahren erheblich nachlässt. Gesetzgeber und Rechtsprechung müssen mit dieser Schlagzahl mithalten.

Was Sie aus diesem *essential* mitnehmen können

- Das berufsrechtliche Verbot ausschließlicher Fernbehandlungen wurde 2018 für Ärzte in § 7 Abs. 4 S. 3 MBO-Ä n. F. abgeschafft. Der weit überwiegende Teil der Landesärztekammern hat diese Regelung bereits in den eigenen, verbindlichen Berufsordnungen umgesetzt. Bei anderen Heilberufen gibt es vergleichbare Entwicklungen.
- Parallel dazu wurde und wird das Vertragsarzt- (Anlage 31b zum BMV-Ä) und Vergütungsrecht (EBM) reformiert und die Videosprechstunde in der vertragsärztlichen (und künftig auch in der vertragspsychotherapeutischen und vertragszahnärztlichen) Versorgung verankert. Eine Vergütung von Fernbehandlungssprechstunden nach GOÄ und GOZ ist aktuell bereits möglich.
- Momentan begegnen der Fernbehandlung bei einer Vielzahl von Einzelfragen noch große rechtliche Hürden. Diese sind etwa im Heilmittelwerberecht (§ 9 HWG), im Arzneimittelrecht (§ 48 Abs. 1 S. 2 AMG) und im Vertragsarzt- bzw. Vertragszahnarztrecht (z. B. § 31 S. 1 BMV-Ä, § 15 S. 1 BMV-Z, AU-RL) zu finden.
- Das zivilrechtliche Haftungsrecht wird auf die aktuellen Entwicklungen (insbesondere des ärztlichen Berufsrechts) reagieren und seine sehr restriktive Haltung gegenüber der ausschließlichen Fernbehandlung lockern müssen. Was berufsrechtlich erlaubt ist, kann nicht mehr *per se* sorgfaltswidrig sein.
- Durch die berufsrechtliche Erleichterung der ausschließlichen Fernbehandlung und ihre gesetzliche Unterstützung werden grenzüberschreitende Fernbehandlungsangebote (wie z. B. von DrEd/Zava) und die damit verbundenen Rechtsfragen weiter zunehmen.

Literatur

Bamberger, Georg/Roth, Herbert/Hau, Wolfgang/Poseck, Roman (Hrsg.): Beck'scher Online-Kommentar zum BGB, 48. Edition, München 1.11.2018.

Bergmann, Karl Otto: Telemedizin und das neue E-Health-Gesetz, Medizinrecht 2016, S. 497–502.

Braun, Julian: Die Zulässigkeit von ärztlichen Fernbehandlungsleistungen nach der Änderung des § 7 Abs. 4 MBO-Ä, Medizinrecht 2018, S. 563–568.

Dierks, Christian/Kluckert, Sebastian: Unionsrechtliche „Antworten" zur Frage des anwendbaren nationalen Rechts bei grenzüberschreitenden E-Health-Dienstleistungen, Neue Zeitschrift für Sozialrecht 2017, S. 687–692.

Dierks, Christian: Der Rechtsrahmen der Fernbehandlung in Deutschland und seine Weiterentwicklung, Medizinrecht 2016, S. 405–410.

Doepner, Ulf: Heilpraktikerwerbung, Gewerblicher Rechtsschutz und Urheberrecht 1981, S. 546–558.

Erb, Saskia: Die Kodifikation des Behandlungsvertragsrechts im BGB, Beseitigung alter oder Generierung neuer Probleme?, Baden-Baden 2018.

Fischer, Gerfried: Zum Stand des Internationalen Arzthaftungsrechts nach den Verordnungen Rom I und Rom II, Medizinrecht 2014, S. 712–719.

Gabriel, Peter: Videosprechstunde, zifferdrei 12/2018, S. 24.

Gleixner-Eberle, Elisabeth: Die Einwilligung in die medizinische Behandlung Minderjähriger, Eine arztrechtliche Untersuchung im Rechtsvergleich mit Österreich und der Schweiz sowie mit Blick auf das Internationale Privat- und Strafrecht, Berlin Heidelberg 2014.

Gruner, Alexander: Quo vadis, Fernbehandlungsverbot?/Betrachtungen zur Telemedizin, Gesundheitsrecht 2017, S. 288–294.

Haage, Heinz: Heilpraktikergesetz, 2. Auflage, Baden-Baden 2013.

Handig, Christian: Neue Richtlinie für die Anerkennung von Berufen, ecolex – Fachzeitschrift für Wirtschaftsrecht 2005, S. 958–961.

Hahn, Erik: Die Abgabe von Arzneimitteln nach Fernverschreibung als Konsequenz der berufsrechtlichen Öffnung?, Gesundheitsrecht 2018, S. 687–691.

Hahn, Erik: Die Ausstellung von Arbeitsunfähigkeitsbescheinigungen nach ausschließlicher Fernbehandlung, Zeitschrift für das gesamte Medizin- und Gesundheitsrecht 2018, S. 279–283.

© Springer Fachmedien Wiesbaden GmbH, ein Teil von Springer Nature 2019   57
E. Hahn, *Telemedizin – Das Recht der Fernbehandlung*, essentials,
https://doi.org/10.1007/978-3-658-26737-7

Hahn, Erik: Die Neuregelung der Videosprechstunde im Pflegepersonal-Stärkungsgesetz (PpSG), Neue Zeitschrift für Sozialrecht 2019, S. 253–256.

Hahn, Erik: Telemedizin und Fernbehandlungsverbot – Eine Bestandsaufnahme zur aktuellen Entwicklung, Medizinrecht 2018, S. 384–391.

Heider, Benjamin: Arbeitsunfähigkeitsbescheinigung per WhatsApp – Auswirkungen der Aufhebung des Fernbehandlungsverbots auf die Erteilung von Arbeitsunfähigkeitsbescheinigungen, Neue Zeitschrift für Arbeitsrecht 2019, S. 288–290.

Hötzel, Gerrit: „There is an app for that" – Aspekte des Rechts der Medizinprodukte und des ärztlichen Berufs- und Vergütungsrechts, Zeitschrift für das gesamte Medizin- und Gesundheitsrecht 2018, S. 16–20.

Kaeding, Nadja: Grenzüberschreitende Telemedizin als Ausdruck eines funktionierenden Binnenmarktes, Zeitschrift für europäisches Sozial- und Arbeitsrecht 2017, S. 215–222.

Kaeding, Nadja: Medizinische Behandlung als Distanzgeschäft, Medizinrecht 2019, S. 288–293.

Kalb, Peter: Rechtliche Aspekte der Telemedizin, Gesundheitsrecht 2018, S. 481–488.

Karl, Beatrix: Rechtsfragen grenzüberschreitender telematischer Diagnostik und Therapie, Medizinrecht 2016, S. 675–681.

Katzenmeier, Christian: Big Data, E-Health, M-Health, KI und Robotik in der Medizin, Medizinrecht 2019, S. 259–271.

Kern, Bernd-Rüdiger/Wadle, Elmar/Schroeder, Klaus-Peter/Katzenmeier, Christian: Humaniora: Medizin – Recht – Geschichte, Festschrift für Adolf Laufs zum 70. Geburtstag, Berlin/Heidelberg/New York 2006.

Kern, Bernd-Rüdiger: Zur Zulässigkeit der ärztlichen Behandlung im Internet, Medizinrecht 2001, S. 495–498.

Kuhn, Anna Kristina/Heinz, Marie-Isabel: Digitalisierung in der Medizin im Spannungsfeld zwischen technischen und legislativen Möglichkeiten und rechtlichen Grenzen, Gesundheitsrecht 2018, S. 691–698.

Kuhn, Anna Kristina: Grenzen der Digitalisierung der Medizin de lege lata und de lege ferenda, Gesundheitsrecht 2016, S. 748–751.

Laufs, Adolf/Katzenmeier, Christian/Lipp, Volker (Hrsg.): Arztrecht, 7. Auflage, München 2015.

Laufs, Adolf/Kern, Bernd-Rüdiger Kern (Hrsg.): Handbuch des Arztrechts, 4. Auflage, München 2010.

Locher, Wolfgang Gerhard: Fernbehandlung gestern und heute – von der Briefkastenmedizin zur Telemedizin, Bayerisches Ärzteblatt 2017, S. 514–515.

Nordmeier, Carl Friedrich: Der Behandlungsvertrag (§§ 630a-h BGB) im Internationalen Privatrecht, Gesundheitsrecht 2018, S. 513–520.

Raack, Maike: Mit Vorsicht zu genießen, Der freie Zahnarzt 2019, S. 25–27.

Ratzel, Rudolf/Lippert, Hans-Dieter/Prütting, Jens: Kommentar zur (Muster-)Berufsordnung für die in Deutschland tätigen Ärztinnen und Ärzte – MBO-Ä 1997, 7. Auflage, Berlin 2018.

Reisewitz, Julian: Rechtsfragen des Medizintourismus, Internationale Zuständigkeit und anwendbares Recht bei Klagen des im Ausland behandelten Patienten wegen eines Behandlungs- oder Aufklärungsfehlers, Berlin Heidelberg 2015.

Reuter, Marcel/Winkler, Katharina: Gentests via Internet – Die Zulässigkeit nach deutschem Recht, Medizinrecht 2014, S. 220–229.

Sasse, René: Heilpraktikerrecht – Ein Überblick und Ausblick, Gesundheitsrecht 2018, S. 279–289.

Schmidt-Kessel, Martin: DienstleistungsRL versus BerufsqualifikationsRL, ecolex – Fachzeitschrift für Wirtschaftsrecht 2010, S. 320–324.

Schneider, Hendrik: Rechtliche Rahmenbedingungen der telemedizinischen Versorgung, Herzschrittmachertherapie+Elektrophysiologie 2017, S. 303–306.

Spickhoff, Andreas (Hrsg.): Medizinrecht, 3. Auflage, München 2018.

Spickhoff, Andreas: Rechtsfragen der grenzüberschreitenden Fernbehandlung, Medizinrecht 2018, S. 535–543.

Stellpflug, Martin: Arzthaftung bei der Verwendung telemedizinischer Anwendungen, Gesundheitsrecht 2019, S. 76–81.

Taupitz, Jochen: Die Standesordnungen der freien Berufe, Berlin/New York 1991.

Ulusal, Suzan: Recht in der Naturheilpraxis, Stuttgart 2011.

von Pentz, Vera: Tendenzen der neueren höchstrichterlichen Rechtsprechung zur Arzthaftung, Medizinrecht 2011, S. 222–226.

Vorberg, Sebastian/Kanschik, Julian: Fernbehandlung: AMG-Novelle und Ärztekammer verfehlen die Realität!, Kritik – Dogmatik – Lösung, Medizinrecht 2016, S. 411–415.

Wagner, Claudia: Einflüsse der Dienstleistungsfreiheit auf das nationale und internationale Arzthaftungsrecht, Berlin 2008.

Wolf, Andreas: Die Fernbehandlung nach dem 121. Deutschen Ärztetag im Lichte der Europäischen Datenschutzgrundverordnung, Gesundheit und Pflege 2018, S. 129–131.

Weitere Quellen

(Internetquellen zuletzt abgerufen am 29.05.2019)

BÄK & KBV, Hinweise und Empfehlungen zur ärztlichen Schweigepflicht, Datenschutz und Datenverarbeitung in der Arztpraxis, Dtsch Arztebl 2018; 115(10): A-453.

BÄK, Hinweise und Erläuterungen zu § 7 Absatz 4 MBO-Ä (Fernbehandlung) v. 11.12.2015 (https://www.bundesaerztekammer.de/fileadmin/user_upload/downloads/pdf-Ordner/Recht/2015-12-11_Hinweise_und_Erlaeuterungen_zur_Fernbehandlung.pdf).

BÄK, Hinweise und Erläuterungen zu § 7 Absatz 4 MBO-Ä – Behandlung im persönlichen Kontakt und Fernbehandlung v. 22.03.2019 (https://www.bundesaerztekammer.de/fileadmin/user_upload/downloads/pdf-Ordner/Recht/HinweiseErlaeuterungenFernbehandlung.pdf).

BÄK, Synopse zur Änderung von § 7 Abs. 4 MBO-Ä v. 21.03.2018 (https://www.bundesaerztekammer.de/fileadmin/user_upload/downloads/pdf-Ordner/MBO/Synopse_MBO-AE_zu_AEnderungen____7_Abs._4.pdf).

Beschlussprotokoll des 120. Deutschen Ärztetages (https://www.bundesaerztekammer.de/fileadmin/user_upload/downloads/pdf-Ordner/120.DAET/120DaetBeschlussProt_2017-05-26.pdf).

Beschlussprotokoll des 121. Deutschen Ärztetages (https://www.bundesaerztekammer.de/fileadmin/user_upload/downloads/pdf-Ordner/121.DAET/121_Beschlussprotokoll.pdf).

BWA, Beschluss nach § 87 Abs. 1 Satz 1 SGB V in der 389. Sitzung am 21.2.2017 (https://institut-ba.de/ba/babeschluesse/2019-03-29_ba435_10.pdf).

BWA, Beschluss nach § 87 Abs. 1 Satz 1 SGB V in der 435. Sitzung am 29.3.2019 (https://institut-ba.de/ba/babeschluesse/2017-02-21_ba389_8.pdf).

DSK, Liste von Verarbeitungstätigkeiten mit obligatorischer Datenschutz-Folgenabschätzung v. 17.10.2018 (https://www.lda.bayern.de/media/dsfa_muss_liste_dsk_de.pdf).

Printed in the United States
By Bookmasters